やってはいけない「ひとりマンション」の買い方

風呂内亜矢

JN107940

青春新書
INTELLIGENCE

はじめに　誰も教えてくれなかった、シングルのためのマンション購入術

日々の生活では、さまざまなお金がかかります。なかでも大きな割合を占めるのが「住まい」にかかるお金です。

特に今、賃貸でひとり暮らしをしている人は、「年金生活になっても、家賃を支払い続けていくことができるのか」と不安になることもあるかもしれません。また、高齢になった時、同じように部屋を貸してもらえるのかも気になりますよね。

シングルの人が持ち家の選択肢として考えるのは、一戸建てよりも単身者向けのコンパクトマンションではないでしょうか。ファミリー向けの広い物件よりは安いとはいえ、その金額は普段扱うお金よりもはるかに大きく、しっかりローンを支払っていけるのかと不安に感じたり、この先も転職や結婚など引っ越しを伴う生活の変化が起こるかもしれないと考えると、踏ん切りがつかないこともあるでしょう。

実際、マンション購入では気をつけるべきことは多く、知っていたか知らなかったかで金銭的な影響が大きいポイントがいくつかあります。ただそれは、可視化されにくいだけ

で、賃貸での生活を続けている場合も同様です。生きている限り支払い続ける家賃もまた、冷静に考えてみると大きな金額なのです。

「よし、マンションを買おう！」

と思った方、ちょっと待ってください。実は単身者向けの「ひとりマンション」を買うには、ちょっとしたコツが必要なのです。

マンション購入に関する情報は、書籍でもインターネットでもたくさん目にすることができます。ただ、その情報はファミリー向けの物件を対象とするものがほとんどで、単身者向けの物件を買う際には、必ずしも当てはまらないことが多いのです。

例えば「住宅ローン減税」。ローンを組んでマンションを買えば、税金が安くなると思っていませんか？　実は、この制度は登記簿記載面積が50㎡以上（条件によっては40㎡以上）の物件でないと使えません。都心部の「ひとりマンション」に多い1LDKは面積が40㎡以下のことも珍しくないので、そういった物件を選べばこの減税の恩恵が受けられないことになります。この時、立地を妥協したり無理をして予算を上げたりして、住宅ローン減税が受けられる物件を選ぶのは、「やってはいけない」ことの1つです。

そもそも、今は単身者向けの物件購入に関する情報が不足しています。日本の生涯未婚率は年々上昇しており、すでに単身世帯は3割を超えています（２０２２年、厚生労働省調べ）。対して住宅購入にまつわる制度や市場の動きはまだズレがある部分も多いのです。

しかし、悪いことばかりではありません。上手に「ひとりマンション」を買えば、ファミリー向け物件とは違う強みを発揮することができます。購入したマンションは、これから先の人生を安心して過ごす上で、心強い味方となってくれるでしょう。

この本では、40歳以降のシングルの方向けに、ファミリー向け物件とは違う「ひとりマンション」ならではの賢い買い方をお伝えしていきます。「お金についての知識がない」という人でも大丈夫。実は、かつての私もそうでしたから。

私自身の初めてのマンション購入はまさに独身時代で、その後、単身者向けマンションを販売する営業の仕事を経験しました。お客様に提案しながら多くの物件を見てきましたし、自分自身の経験としても、最初の物件を購入後もいくつかの物件を買ったり売ったりしてきました。

不動産会社を退職後は、ファイナンシャルプランナー（ＦＰ）としてお金に関する情報発信を続けてきました。お金についても学んだことで、不動産のことだけを考えるのではなく、自分自身の人生のお金をバランスよく采配《さいはい》していくための情報や考え方をお伝えしていけるようになったと思っています。

とはいえ、最初にマンションを購入した約20年前は、お金とはまったく無縁の仕事をしていて、どちらかというと金銭管理も苦手なほうでした。しかし、マンションを購入し、不動産会社に転職し、現在の仕事を続ける中で、ずっとお金の勉強をしてきました。マンション購入は私にとって、本気でお金の勉強をするためのきっかけになったのです。

マンション購入もお金の扱い方も、しっかり向き合って学び、判断することで、安全で堅実な方法を選んでいくことができます。何より、自分のお城である「ひとりマンション」を手に入れることは、その過程も含めてとても楽しいものです。

では、これからそのコツをお伝えしていきましょう。

2024年3月

風呂内　亜矢

やってはいけない「ひとりマンション」の買い方　目次

■第1章■

マンションを買うってこんなに楽しい！

住まいとお金の「安心」を手に入れる方法

■第2章■

やってはいけない「ひとりマンション」の買い方

ファミリー向け物件とは違う戦略があった！

第3章

もしもの時にも困らない！ 資金計画の立て方

これならひとりでも無理なく買える！

■ 第4章 ■

自分だけの〝お宝物件〟と出会う方法

プロだけが知っている、物件選びのポイント

第5章

今から考えておきたい、住まいとお金の「出口戦略」

人生100年時代を安心して過ごすための備え

本文デザイン　ベラビスタスタジオ

本書で紹介している情報は、2024年3月8日現在のものです。

第１章

マンションを買うってこんなに楽しい！

住まいとお金の「安心」を手に入れる方法

「ひとりマンション」を買うといいことがたくさんある！

住宅購入は、「一生に一度の大きな買い物」といわれます。そのため、40歳以降の人のなかには「まだ早いかも」「もっとお金が貯まってからにしよう」と、購入の決断を先送りにしている方も多いのではないでしょうか。

しかし私は、ファイナンシャルプランナー（FP）として、そして自分でもマンションを購入するとともに、不動産会社で多くのお客様のマンション購入をサポートしてきた経験から、**「40歳以上のひとり暮らしの人がマンションを買うことには、多くのメリットがある」**と断言します。

まずはそのメリットを6つ、ご紹介しましょう。

メリット1　マンション購入を通じて、お金の勉強ができる

「人生100年時代」といわれるようになって久しいですが、その一方で、お金が底を尽

くことなく暮らしていけるのかと、お金の不安を抱えている人もいるでしょう。

実は、**マンション購入は最強のお金の教材**なのです。

マンション購入では、金銭にまつわるいろいろな判断を求められます。

自分が購入できる物件の予算を決めるに当たっては、人生における適正な住居費を考えることになりますし、物件価格が最安であることだけが必ずしも正義ではないという、今後のお買い物人生にも通じる真理を突きつけられることもあります。

住宅ローンを選定する際には、支払いを待ってもらえることの恩恵である「期限の利益」を実感したり、資金繰り・キャッシュフローという概念、固定金利や変動金利は損得だけで選ぶわけではないという考え方にも触れたりすることになります。

こうして得られたお金の情報や勘所は、これからの人生を切り盛りしていく上で、きっと支えになってくれます。

お金の話というと、どうしても、より稼ぐことや、よりお金を使わないこと、資産が増えることに絶対的な価値があると考えがちです。

しかし実際には、収支のバランスがとれていることや、中長期で見てお金が底を尽く瞬間がないこと、適正な事務手続きが行われることや、活用できる行政サービスを理解できる情報処理能力など、総合的な能力によって生活を支えていくことができれば、それで充分であり、目指すべき最良のバランスともいえます。

つまり、**お金との付き合い方においては、特定の要素だけが最大であることが重要なのではなく、いろいろな要素でちょうどいいバランスを模索することが、肝心な要《かなめ》なのです。**

マンション購入のあらゆる工程をクリアしていくと、こうしたお金のリテラシーに触れることができます。

40代でマンションを購入すると、これまでの経験でなんとなく感じてきたお金の知識が体系的に整理されることや、棚卸しされる感覚になる人もいるかもしれません。

安全に堅実にマンションを買うためにも、しっかり学び、整理して、その経験を今後の人生の金銭コントロールにも生かすことができたら、大きな強みになることでしょう。

メリット2　長期的には得をする

「賃貸と購入、どちらがいいか？」

これは住まいを考える上での永遠のテーマであり、答えのない問いでもあります。

一般的には、環境の変化に対応しやすいのは賃貸で、同じ金額で高い住環境を得られるのは購入とされることが多いでしょう。

家族の形が単身、夫婦、ファミリーと変化し、さらにその先には子どもが独立して再び夫婦2人に、最終的には今一度単身へと変化することも多くあります。

賃貸であれば、そうした家族の人数に合わせてサイズを変化させ、その時に無理のない家賃で住まいを確保することができるかもしれません。少子高齢化によりエリアによっては家賃が下落することが考えられるなら、格安の賃貸物件を探して住居費を抑えるといったこともできるかもしれません。また、マメに賃貸情報をチェックして、在宅ワークの環境を整えることや、フットワーク軽く引っ越しも行える人であれば、賃貸で最得や最安を狙うこともできるかもしれません。

ただし賃貸は、その物件を購入したオーナーが損をしない賃料設定にしたいという思いが働くため、同品質の物件であれば、購入に比べてコストは高くなる傾向にあります。

一方、購入の場合、部屋を住み替える際に売却などを伴い、一般的にはその都度適度なサイズにしにくい部分もあります。そのことで総支払い額が高くなる可能性はありますが、**同品質の部屋に住み続けることを比較すると、賃貸より割安になることが多いでしょう。**

ローン完済以降は、管理費や修繕積立金などの維持費のみで住まいを確保できるのも購入の心強いところ。中長期で見ると金銭的なメリットも高まります。

賃貸と購入のコスト比較は、条件が少し違えばいくらでも変化するため、あくまで参考程度にしかなりませんが、1つ例を挙げて計算してみます。

面積が30㎡程度の物件で、賃貸は、共益費込みの家賃が月9万円で、2年に1度、更新料として1カ月分の家賃（9万円）が発生すると仮定します。

購入は、約2500万円の物件を金利1％で35年返済（月々の返済額は70571円）。管理費・修繕費が月1・7万円、固定資産税が年間5万円、諸費用は物件価格の1割かかると仮定します。

諸費用を除く負担額が、賃貸で年112・5万円［(108万円+117万円)÷2］、購入で年110・6万円と年間1・9万円しか差が出ないため、購入に対してやや厳しめの見積もりになっています。諸費用の年間250万円（こちらも高めの見積もり）が当初にまとめてかかるため、しばらくは賃貸の累積金額が低く抑えられますが、40歳からスタートする場合だと、77歳で逆転し、以降、購入のほうが有利という結果になります。

■ 賃貸と購入の比較・簡易版

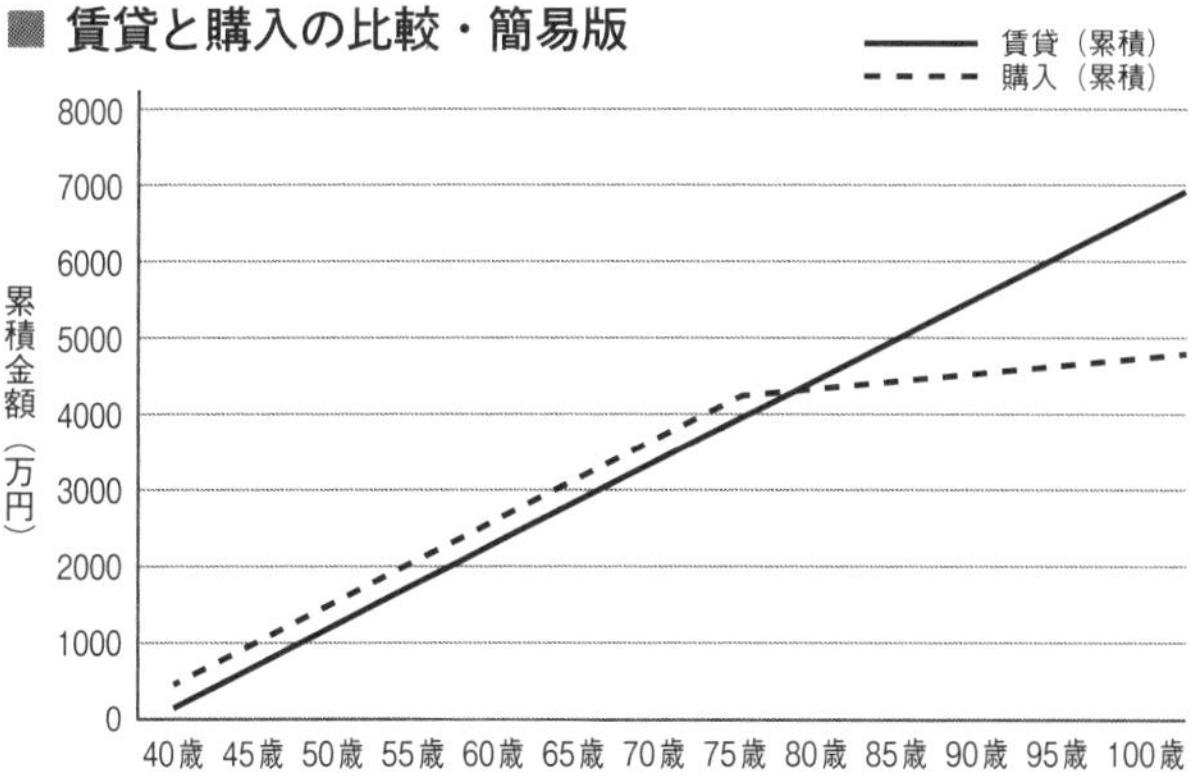

賃貸：月９万円、２年に１度更新料９万円
購入：月8.8万円＋年５万円（固定資産税）、36年目から月２万円＋年５万円（固定資産税）
とした場合の住居費をシミュレーションした場合

もっとも、賃貸の家賃と購入の物件価格のバランスは、地域差が大きいです。圧倒的に賃貸のほうが金額がかさむ計算になる地域もあれば、セオリーとは逆で賃貸のほうが金額を抑えられる計算になる地域もあります。物件価格のアップダウンのスピードは比較的速く、賃料の改定スピードは緩やかという特徴も影響します。

ところで、今回の試算は首都圏にお住まいの方にとっては、一般的なファミリー向け物件として考えるとコンパクトすぎるとお感じになるかもしれません（エリアによってはファミリー向け物件も射程圏内に入る金額のレンジだとは思います）。この点については、以降の項で少しずつ検証していけたらと思います。

メリット3　人生に必要なお金の見通しが立つ

さて、ここまで賃貸と購入の違いについて考えてみましたが、購入のメリットは住居費を割安に抑えられるということ以上に、**「人生全体の住居費の算段がつく」**という点が大きいのではないかと私は考えています。

賃貸のメリットとして、先ほど「家族の人数が変わったら」「少子高齢化で家賃が下落したら」「引っ越ししたら」「在宅ワークの環境を整えられたら」といった例を挙げました。仮にそうなったら有利になることはあり得るものの、もしかしたらその条件はそろわないかもしれません。また、自分自身が何歳まで生きられるかも読めないため、家賃をいつまで払い続けることになるのかという課題も残ります。

その点、購入であれば、完済すれば維持費のみで住み続けることができる上、その物件を売ったり貸したりすることで生活の糧《かて》にできる可能性も生まれます。支払いの算段がつくことや、もしかすると取得した物件を生かせるかもしれないという可能性を考えると、やはり購入で得られるメリットは大きく魅力的です。

購入時の物件価格や金利の条件が不利で、結果的に賃貸のほうが安くついた、ということはもちろん考えられます。ただ、金融商品にたとえるならば、想像以上に長く生きられて金額がかさむかもしれない賃貸のリスク（振れ幅）は大きく、購入時に想定した総額からはさほどずれない購入のリスク（振れ幅）は小さくなります。

買ったタイミングで支払いきることを覚悟して、後は完済後の維持費や資産性といった限定的な変動要素に対応すればよいという考え方ができます。

そういった意味で、購入の本当のメリットは、「今後の人生の住居費について、概《おお》ね算段がつく」という点が、かなり大きいのではないでしょうか。

メリット４　保証人がいらない

40代以降、部屋を借りる際の保証人探しに苦労をする場面があります。20〜30代の頃は親が保証人になってくれていたけれど、親が定年退職して兄弟姉妹に頼らざるを得ないなど、少し心理的なハードルを感じる瞬間が出てくることもあります。

保証会社を利用するなどの方法もありますが、なんとなく、本来必要な後ろ盾を自分で準備できていない心細さに駆られることもあるかもしれません。

その点でも、購入に軍配が上がります。意外かもしれませんが、**賃貸では求められる保証人が、購入の場合は通常必要ありません。**

購入では、十分な返済能力があるかを審査した上で、完済までは物件そのものも担保となります。本当に本人が返済できないとなると、物件を売却するなどして回収ができるため、住宅ローンとして資金を貸している金融機関から見たリスクも低くなります。そのため、別途保証人をつける必要性が低いのです。

賃貸の場合も、収入などからその家賃を支払い続けられるかという審査は行われますが、病気をした、転職をしたなど、今後状況が変わった場合にも、問題なく家賃を支払い続けてくれるかという観点での保証が手薄です。物件を保有しているオーナーから見るとリスクが高いため、「保証人や保証会社をつけてほしい」となるわけです。

なお、購入の際も、収入から無理なく返済できると考えられる金額以上に住宅ローンを借りようとする場合などでは、連帯保証人を求められるケースもあります。ペアローンなども夫婦でお互いに連帯保証人になる契約です。しかし、自身で問題なく返済できる範囲内で住宅購入する場合は、通常、保証人は不要です。

こう考えてみると、**物件という実物資産が信用力も高めてくれるような心強さ**がありますね。ずっと誰かに保証人を頼んだり、保証人を探し続けたりすることが難しいことを考えると、経済力のある間に住宅を購入し完済を目指していくことは、自分のための後ろ盾を作ることや、自分の人生を自分の足で支える体制作りにつながります。

メリット5　内装を自分好みにカスタマイズできる

賃貸にはない購入物件の楽しさといえば、なんといっても壁紙や建具を自分好みにカスタマイズできることではないでしょうか。最近は、一部でカスタマイズを許してくれる賃貸物件も出てきていますが、退去時には原状回復を求められるケースがあったり、そもそも数としてはまだ少数だったりと、当たり前に楽しめる状態とはいえません。

一方で**購入した物件の場合、自分が持ち主なので、賃貸物件よりも制約は少なく、自分の好みは圧倒的に反映しやすい**ですね。

部屋の印象をガラリと変える壁紙を自分の希望で選んだり、洗面台の鏡のレイアウトや洗面ボウルのデザインを好みのものにしたり、構造が許せば壁を外して部屋をつなげ広いスペースを作ることなどもできます。

ちなみに、マンションの場合、専有部分と共用部分に分かれていて、自分の希望でカスタマイズできるのは専有部分のみです。専有部分は自分が保有する室内を指します。共用部分は建物のエントランスや廊下、エレベーターなどを指します。

少し意外なところでは、自分の部屋の玄関扉の外側は一般的に共用部分ですし、バルコニーも共用部分となります。バルコニーなどは事実上、通常時であれば自分しか使わないような場所のため、優先的に利用する権利がある場所として「専用使用部分」ともいわれます。ただ、災害が起きた際の避難経路などとしては住人みんなで使うことになるため、通常、勝手にカスタマイズをすることはできません。

賃貸に比べると比較的自由にカスタマイズができるとはいえ、自分が手をつけてよい範囲はどこなのか、しっかり確認をしておくことも重要ですね。

自分のお城となる部屋ということを考えると、いくらでも自由に手を加えたくなりますが、**もしも将来その部屋を貸したり売ったりすることを考えているのであれば、他者から**

見てどう感じるかを意識しておくことも重要です。

例えば真っ赤なキッチンやスケルトンの扉など、自分の好みには合ったとしても、一般的ではない選択をする場合、次の買い手や借り手が見つかりにくくなる恐れはあります。貸したり売ったりする際には、一般的な仕様に再度リフォームすることも考えられるため、追加で費用がかかる可能性まで心づもりしておけると、予想外の出費にならずにすみます。

マンション購入ではこうした「他者の目」を意識することが重要になってくる局面も多くあります。次の人が買いやすい物件、借りやすい物件を意識することで、将来のフットワークを邪魔しない物件選びにつながることが多いからです。購入時だけでなく、カスタマイズを検討する際も、自分の好みと他者の好みを意識して、どちらがどのくらい重要なのかをバランスを考えて判断できるといいですね。

メリット6　税金や登記などの手続きに強くなる

マンションを購入すると、所有者として自分の名前を登記することになります。これは賃貸にはない醍醐味《だいごみ》といっていいでしょう。

登記は通常、新築の場合は所有権保存登記、中古の場合は所有権移転登記を行うことになります。マンション購入でかかる諸費用として、新築は物件価格の3〜6％程度、中古は物件価格の6〜9％程度と表現されることもありますが、登記の費用は一般的にこの中に含まれています。意外とかかるんだな、と思われるかもしれませんね。

登記の費用は、手続きを担当してくれる司法書士に支払う報酬と、国に納める登録免許税の大きく2つで構成されています。

マンションを買った時、住宅ローンを完済した時、手持ちの物件を売った時など、その都度登記の手続きが発生します。特に住宅ローン完済時の抵当権抹消の登記などは、司法書士に頼まず自分で挑戦する人もいますが、その場合も登録免許税は必要です。

居住用（投資目的ではない）マンションを購入した場合の登録免許税は次の通り。

・土地：固定資産税評価額×2％（2026年3月31日までは1・5％）
・建物：固定資産税評価額×0・15％（中古物件は0・3％。2024年3月31日まで）

固定資産税評価額は自治体が3年に1回算定する評価額、売買価格は需要と供給により決まる価格なので、同じ金額になるとは限りません。一概にはいえませんが、売買価格の7割程度が固定資産税評価額になることが多いでしょう。

つまり、3000万円の中古物件を購入して、固定資産税評価額が2100万円（土地、建物それぞれが1050万円）だった場合、購入時に必要な登録免許税は約24・2万円（土地1050万円×2％＋建物1050万円×0・3％）ということになります。

その他に、住宅ローンを借りる場合に設定する抵当権の設定登記のための登録免許税が十数万円、登記を行う際に添付する公的書類の取得などに数千円かかることもあります。

加えて、物件購入時に司法書士事務所に対して支払う費用として数十万円など、まとまった金額が必要ですが、よく見てみると依頼しなくても必要となる登録免許税や印紙税が大きな割合を占めていることもあります。

売買を伴う登記は、手続きミスを防ぐため、金融機関から専門家である司法書士を指定されることが多いでしょう。

詳しくは43ページのコラムで触れますが、登記の中には比較的簡単に行えるものもあります。**こうした行政手続きは大変だと感じますが、調べたり乗りこなせたりできるようになっておくと、親が介護を受ける時、何らかの補助金を受け取る時、定年退職して自分で**

確定申告を行うようになる時などに、苦手意識が軽減されて役立つことが多々あります。

私自身、マンション購入の際に登記に求められる書類を把握したり、確定申告などを経験していたことから、現在の仕事でのリサーチや発信に役立っていることはたくさんあります。父を亡くした時の手続きも、問い合わせるべき手続きや集めるべき書類の目星がついていたことで、とても助けになりました。

例えば、人が亡くなった時には、生まれてから亡くなるまでの戸籍謄本が必要になる手続きが多いこと。そのため、本籍地は引っ越しのたびに移動させたりはしないほうが好ましいこと。故人が本籍地を移動させていることを知っていたら、最初から該当する自治体に並行して当たるとスムーズなことなど、手続きの方向性を理解していたことが強みになりました。

また、手持ちの不動産を売却した経験から、戸籍の附票を使ってこれまでの住所の履歴（住民票の履歴）を証明することができることや、法務局での手続きの手順などを学ぶことができました。このことで、父が亡くなった後の自宅を母へ所有権移転登記する手続きも、自分たちで済ませることができたのです。

マンションを購入すると、登記簿という公的な書類に自分の名前が刻まれる喜びもあり

ますし、社会の仕組みをもう一段階深く理解できたという実感も得られます。自分がどういった社会の枠組みの中で生活をしているのかの解像度が上がることで、これからのライフイベントにおいても助けになることが多いでしょう。

「ひとり暮らし」の人こそ、今、マンションを買うべき理由

近年、世帯の形が大きく変わりつつあります。

最近、我々ＦＰの間では、「標準世帯って、もう標準ではないよね」という認識が浸透しています。

「標準世帯」とは、夫婦と子ども2人の4人家族で世帯主1人だけが働いているという形態の家族を指します。我々ＦＰがよく参考にする、総務省の家計調査で使われてきた区分（ただし、総務省は2005年以降、標準世帯という用語は使っていません）で、私自身もさまざまな試算を出す際に、モデルとなる家族の形として扱うこともあります。

しかし、全体の割合で見ると、**夫婦と子ども2人の4人家族という世帯の形は、もはやスタンダードではなくなりつつあります。**

厚生労働省の「国民生活基礎調査の概況（2022年）」によると、1986年時点で4割を占めていた夫婦と子どもの世帯は年々減少しており、2022年には25・8％に。標準世帯はこのグループのうち、子どもが2人で片働きの世帯を指すため、さらに割合が低くなります。

一方、**増加しているのは単身世帯**。1986年時点では18・2％でしたが、2022年には32・9％と主たる世帯の構造になっていることがわかります。

50歳時点での未婚割合（生涯未婚率と表現されることも）も上昇傾向にあります。1970年は男性1・7％、女性3・3％だったところから、2020年には男性28・3％、女性17・8％に上昇（令和4年版「少子化社会対策白書」［内閣府］）。加えて、現在結婚していたり、子どもを育てていたりする人も、ゆくゆくはひとりで暮らす可能性もあります。単身で生活するということは、想像以上に身近なライフスタイルといえます。

こうなってくると、マンションに求める間取りも、3LDKや4LDKが必要な家族構成や期間は限定的かもしれません。

その点、次に買う人や借りる人を意識するマンション選びということで考えると、**単身者の場合、実際に自分が住む間取りと、将来売ったり貸したりしやすい間取りが合致しや**

■ 家族構成の変化

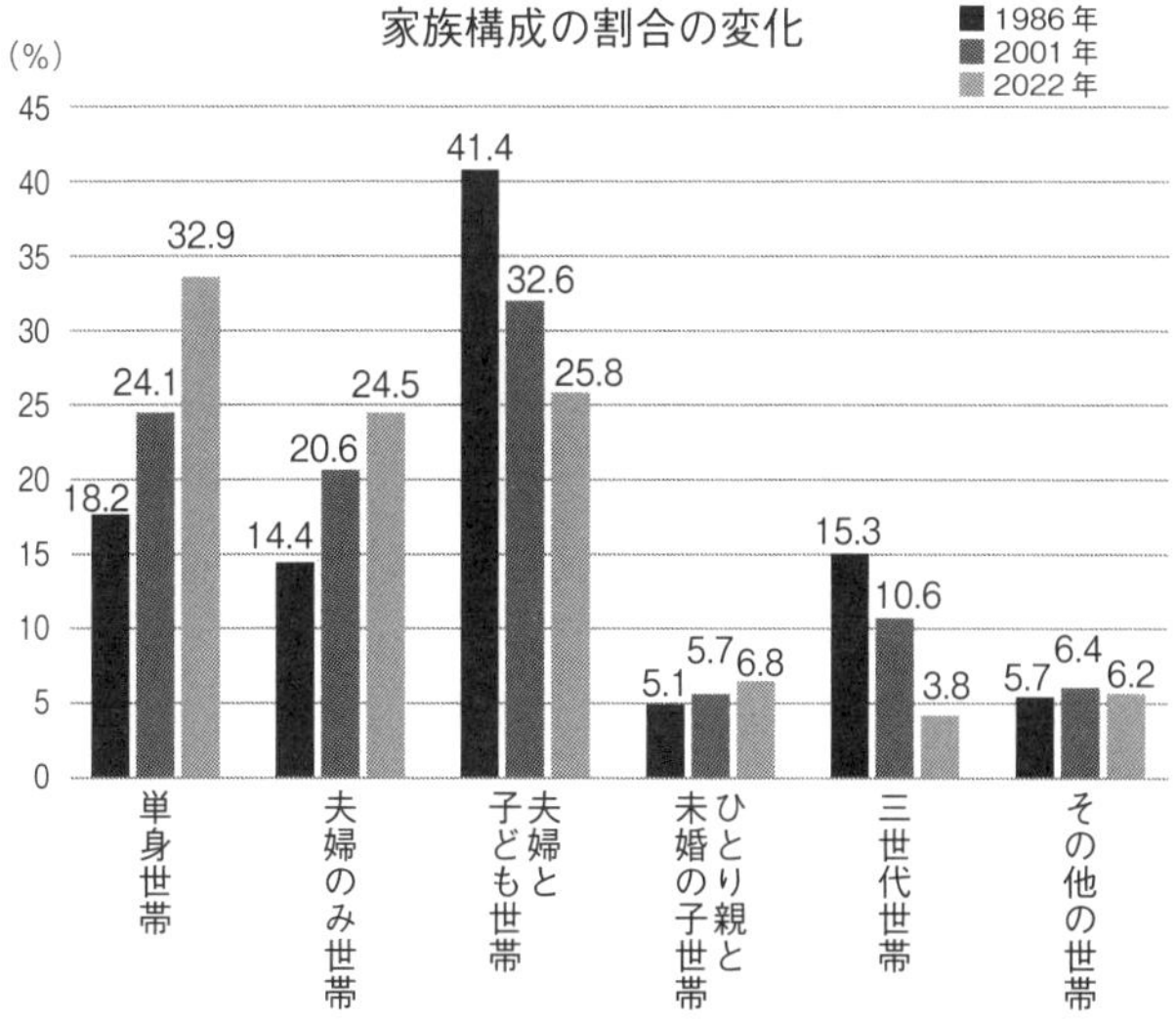

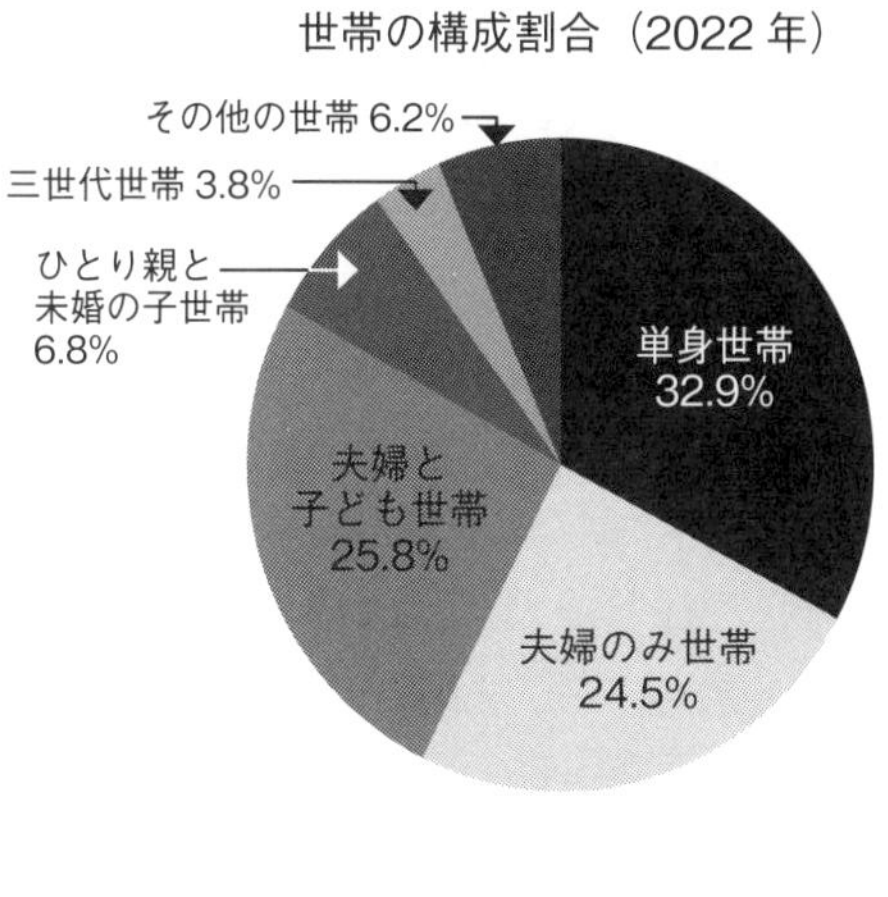

「国民生活基礎調査の概況」（厚生労働省、2022［令和4］年）をもとにグラフ化

すく、上手な買い方を実現しやすい可能性が高いと考えられます。

「ひとりマンション」を購入する際の2つの戦略

私は、たくさんの方のマンション購入のサポートをしてきましたが、大きな買い物であるマンションを安全に買うには、

①「投資的観点」と「実需的（住まい的）観点」を兼ねている物件を買う

②とにかく予算面で無理なく返せる資金計画が立てられる物件を選ぶ

という2つの戦略があると考えています。

①の戦略は都心部向き、②の戦略は全エリア向きの戦略ともいえるかもしれません。単身者向け物件の場合とファミリー向け物件の場合を比較しながら、説明していきましょう。

戦略①　「投資的観点」と「実需的（住まい的）観点」を兼ねている物件を買う

「投資的観点」とは、金銭的なメリットに魅力を感じて買うという発想です。生涯支払う家賃に比べると安く済むかもしれない、完済した物件に資産性が期待できるかもしれない、

といったお金の面での優位性を期待するものです。

一方、「実需的観点」とは、購入することで快適な環境に住めることや、確立された居場所を作れること、自分好みの設備など、居住性の向上を期待して買うことです。

この2つの観点によって、実は不動産の市場も「投資」と「実需」の2つに分かれています。「投資」は物件を購入して賃貸に出すなどして利益を得ることを目的とした市場、「実需」は実際に自分が住むための物件を探している人たちの市場です。

通常、それぞれの市場は物件の検索サイトなども分かれていて、物件のラインアップもローン商品も違います。また、同じ物件を売却する場合でも、「実需」に比べて「投資」の市場のほうが値段が低くなる傾向にあるなど、相場も違います。

「投資的観点」で重視されるのは、駅近に代表されるような「立地」です。とにかく立地を重視するのが正攻法のため、「広さ」の優先順位は下がります。

ファミリー向け物件でも立地重視で選ぶことはできますが、どうしてもある程度の広さは必要なため、物件価格がかなり高くなっても立地を重視するかいう判断が必要になってきます。

それに対し、単身者向け物件の場合、自分が満足できる広さであれば、とにかく立地を重視した物件選びがしやすいといえます。広さが抑えられる分、物件価格も手が届く範囲に収まりやすいでしょう。

自分が満足する立地と広さは、次の買い手や借り手も満足できる可能性が高く、いざとなったら売却するという選択肢も増えます。そう考えると、大きな買い物をしても、将来のお金の不安に備えることにつながると思いませんか。

「投資的観点」と「実需的観点」を兼ね備えた物件選びは、立地を間違えなければ価値が落ちにくいということを期待した戦略ということになります。

戦略② とにかく予算面で問題なく返せる資金計画が立てられる物件を選ぶ

戦略①は、都心部において有効な観点です。では、地方での物件選びを考える場合にはどうなるでしょうか。

価値の落ちにくい地方物件はかなり割合が低いと覚悟しつつ、しっかり厳選していく必要があります。例えば新幹線停車駅から徒歩圏内など、その地域でも稀有な立地にこだわっていく必要がありそうです。

ただ、マンションを買う人みんながみんな、将来の資産性を期待して買うわけではありませんよね。住み続けられるという恩恵を受けられるのであれば、立地や広さや仕様、そして、無理なく返せる予算計画が重要になります。

地方は都心部よりも「投資的観点」を生かしにくいという特徴を理解した上で、**無理なく支払いきれる生涯の住居費を考えて、「実需的観点」を重視した物件選びをしていくこ**とになります。

単身者向けの物件は、広さをそれほど重視しないという点でアドバンテージがあるため、無理なく返済できる予算という観点では、上手な買い方はしやすいといえます。

ただ、税制などの制度、ローン商品などは対象物件に広さの基準を定めていることがほとんどです。のちほど詳しく説明しますが、一般的なファミリー向け物件で利用できるとされている住宅ローン減税やリフォーム補助、親からの非課税の贈与などが利用できないケースがあることも知っておきましょう。

そうした情報を踏まえた上で、それでもその物件を選ぶのか、自分の判断の軸を磨いていく必要があります。

ちなみに、私自身が独身時代に最初に購入した物件は、岡山駅（新幹線停車駅）から徒歩圏内の物件で、広さは55㎡。都心部ではファミリー向け物件になることもある広さですが、当時の岡山在住者の観点としては、借りるマンションならともかく、買うマンションがその広さでいいのかという解釈のほうが一般的でした。車で少し離れれば、階層は違うものの100㎡を超えるマンションが半額近い価格で販売されていました。当時の感覚やエリアの感覚で考えると、かなり割高な選択だったといえるでしょう。

その物件は買ってから20年近く経過していますが、中古の売買相場を見ていると、購入時と同等の金額で取引されている様子がうかがえます。ただ、これはレアケースで、地方物件としてはやはり少し変わった選択だったとも感じています。確かにこういう事例はあるものの、価格が大幅に下がっている事例も見かけるからです。

汎用的に使いやすい選び方としては、やはり将来は売却できないと覚悟しながら予算組みをする（居住性を重視するなら当時の100㎡超え物件で半額なら、返済もしやすくよい選択）ことも、地方で物件を探す際の選択肢になるといえます。

シングル女性もマンションが買いやすくなっている

先ほど述べたように、私が独身女性として初めて「ひとりマンション」を購入したのは、2005年、26歳の頃でした。当時は岡山に住んでいたわけですが、「東京のほうでは女性がひとりでマンションを買うことも増えてきている」というニュースを耳にしていたような記憶があります。

今でもこうした話は時々聞きますが、それほど珍しいケースではなく、「こうした選択もある」と軽いトーンで紹介されることが増えた印象です。

当時、私が住宅ローンを選ぶ際には、「女性は審査が厳しくなることがある」といった趣旨の説明を受けた覚えがあります。確かに女性が生涯働き続けて確実に返済をするということが、今よりは不確実に見えていた時期だったのかもしれません。

近年ではむしろ、女性向けの住宅ローン商品も増え、選択肢が広がっています。女性特有の病気に備えるものや、育休中の返済に猶予が受けられる商品などもあります。

周囲でも、性別がネックになってローンの審査が難しいという話はほとんど耳にしません。「2022年 首都圏新築マンション契約者動向調査（株式会社リクルート）」によると、2022年の新築マンションの契約者のうち、10・9％がシングル女性とのこと。私がマンションを買った時期に当たる2005年は同調査で6・6％、以降4％台だった年もあるようなので、いよいよ近年はマンションを購入する属性として、独身女性が安定した役割を果たすようになってきた様相すらあります。

シングル男性の２０２２年の割合は７・３％と、女性よりやや少ないのですが、両者を合わせてシングルが18・２％と、２００１年の調査開始以来最も割合が高くなっているそうです。30ページで述べた世帯の変化が、マンションを購入する人の属性にも反映されているかのようです。

今だと違和感がある話かもしれませんが、２００５年頃は、「ペットやマンションを買ったら（飼ったら）女性は結婚ができない」といったことがいわれていました。私自身もマンションを買った直後に似たようなことをいわれたような気がします。しかし、今は女性がひとりでマンションを買っても、そうした特別なこととみなすような風潮は弱まっているのではないでしょうか。

選べる住宅ローンという実利的な観点でも、女性が「ひとりマンション」を買うことに対する解釈という心情的な観点でも、フラットな考え方になってきたといえるでしょう。

そもそも、**大きな人口のトレンドとして未婚率は上昇していますし、今、結婚している**

人も、いずれはひとりで生活する可能性もあるという事実の認知も、かなり広がっている印象です。また、結婚している夫婦でも、互いの仕事の都合や生活スタイルの違いから、あえて別々に暮らすといった選択をする人も増えています。**人生のその時々で、いろいろな世帯の形で生活することは、誰しもあり得る時代**なのです。

世帯の形がコンパクトになっているこの市況を見極めながら、成熟してきた環境を生かして、自分に合ったマンション購入につなげていけるといいですよね。

「終の棲家」としての「ひとりマンション」

賃貸住まいで不安なことの1つに、「高齢になった時に部屋を借りられるのか」というものがあります。

高齢者でも賃貸住宅を円滑に借りられるための取り組みは、長らく検討や対策がなされています。

2024年2月には、国土交通省が、見守り機能をつけた「居住サポート住宅」を創設することを発表しました。あわせて家賃の保証会社を国が認定する制度も設けるとしています。

また、東京都文京区の「すまいる住宅登録事業」では、65歳以上のひとり暮らし世帯などに物件を貸す場合には、月額最大2万円の謝礼金が支払われます。

ただ、逆にいうと、**高齢者が賃貸住宅を借りるということは、そうした取り組みを行わなければ少々難しいという状況が依然としてあるということでもあります。**

物件を貸す側の立場で考えると、年金生活でも家賃が滞りなく支払われるのか、家族がおらず保証人になってくれる人がいない、倒れた時に発見が遅れて亡くなってしまうこともあるかもしれない、といった心配事があるでしょう。

今後も高齢者が増えていく中で、ひとりで暮らす高齢者が当たり前に受け入れられるようになったり、民間賃貸住宅でも見守りがされやすい環境が整ったりしていくことを期待はしますが、高齢者の住宅問題の改善にはもう少し時間がかかるのかもしれません。

自分が高齢になる頃に対策が間に合うのか、少し不安を感じる部分でもあります。

総務省「家計調査（2022年）」によると、高齢単身世帯（65歳以上の単身世帯）の持ち家率は84・3％。実績としても、まだまだ高齢期には自宅を保有している人が多い状況です。

セカンドライフの生活費という観点でも、持ち家であることを前提として試算されることがほとんどです。総務省の同データの消費支出は、月々14万９２０８円。確かにセカンドライフの生活費だと、それくらいかもしれないなと感じさせる数値です。

その内訳で気になるのは住居費で、月々1万３５３０円。戸建ての持ち家で固定資産税くらいしか住居費としてはかかっていない人も多く含まれると、平均値としての住居費はこれほど低くなります。

賃貸暮らしを続けていて、家賃が月々１・４万円以上かかる場合は、セカンドライフの生活費も月15万円よりは多めにかかるかもしれません。先に賃貸と購入の場合で累積金額の推移を比較しましたが、月々の観点だと、家賃を支払い続けることは、数字の印象より負担に感じる可能性はありそうです。

マンションの場合、管理費や修繕積立金など、ローンを払い終わった後にも支払いが続く部分があり、月々1・4万円よりは支出があるかもしれませんが、家賃を丸々払うことよりは負担を感じにくいと考えられます。

今は長生きする人も増えており、２０２２年の日本人の平均寿命は、男性が81・05歳、女性は87・09歳となっています。特に長く生きることができたケースを考えると、賃貸を続けることよりは、支払いを抑えられる可能性があります。

高齢期でも賃貸暮らしを続けることは、金銭面と、そもそも入居できるのかという面で、現時点では不確定要素が多いといえそうです。

これから先の人生において、住まいやお金の心配が減るという意味では、やはり「ひとりマンション」の購入は大きな安心感をもたらしてくれるのではないでしょうか。

【コラム】

2024年4月からスタートした「相続登記の義務化」

日本の空き家は年々増え続けており、現在、持ち主がわからない土地は約2割程度ともいわれます。相続時などの登記の手続きが適正に行われないと、持ち主不明の不動産が増えてしまいます。そうした事態を防ぐためでしょう。登記に関する大きな法改正がありました。

その1つが、2024年4月1日から始まった「相続登記の義務化」です。相続により不動産を取得したことを知った3年以内に適切な登記手続きをとらなければ、10万円以下の過料の対象となります。

さらに、より多くの人が対象になりそうなのが、2026年4月1日から始まる「住所変更登記等の義務化」です。登記している住所から引っ越した場合や、結婚によって姓が変わった場合などに、適切に登記をすることが義務化されます。変更があった日から2年以内に手続きをとらなければ、5万円以下の過料の対象となります。複数の投資物件を保有している人が引っ越した場合も注意が必要です。

氏名や住所が変更になった場合の登録免許税は、物件1つにつき1000円。マンションの場合、土地と建物をそれぞれ1つと数えるため、2000円の登録免許税が必要になります。その他、住所などが変更になっていることを証明するための戸籍謄本などの取得に数百円から1000円前後かかることもあるでしょう。

これらの手続きは、司法書士に依頼するのもいいですが、自分で行えるようになっておくと数万円程度、費用が抑えられます。

登記・供託オンライン申請システム「登記ねっと 供託ねっと」(https://www.touki-kyoutaku-online.moj.go.jp/index.html)と、マイナンバーカード、ICカードリーダーなどを使うことでインターネットでも手続きができるため、氏名変更、引っ越し、住宅ローンの完済時の抹消登記に備えて研究しておくのもいいかもしれません。

ライフスタイルの変化の都度、登記を行うことは大変でもありますが、手続きを助けてくれる改正も行われています。2024年3月1日からは、戸籍謄本が本籍地以外からでも取得ができるようになりました。

主な登録免許税

登録免許税の金額：固定資産税評価額（※）×税率　など
※固定資産税評価額は売買価格の７割程度になることが多い

土地の所有権移転登記

内容	税率	備考
売買	2.00%	2026年3月31日までは1.5%

住むためのマンション（建物）の登記

内容	税率	備考
保存登記（新築）	0.15%	2024年3月31日まで※
移転登記（中古）	0.30%	
抵当権設定登記（住宅ローン）	0.10%	

※令和６年度（2024年度）税制改正大綱が2024年春に可決・成立すれば３年延長

住所や氏名の変更や、抵当権抹消登記

内容	金額	備考
変更登記、抵当権抹消登記	1,000円/物件	マンションの場合は土地と建物で２物件などとカウント

これまでは本籍地と異なる自治体に住んでいた場合、郵送などで本籍地の自治体とやりとりをして戸籍謄本などを取り寄せる必要がありました。マイナンバーカードを保有している場合、コンビニなどで戸籍謄本を発行できるケースもありますが、在住地の自治体が対応している場合のみなど限定的です。

今回の改正では、法務省の連携システムを利用することで、在住地に限らず各自治体の窓口で請求が行えるようになりました。コンビニ交付ではなく、自治体の窓口に出向く必要はありますが、もっと広く便利になることが期待されています。

戸籍謄本は登記を行う際に取得することも多い書類なので、助かりますね。不動産を保有していない人でも、パスポートを発行する際などに使える方法として、覚えておくといいでしょう。

■第2章■

やってはいけない「ひとりマンション」の買い方

ファミリー向け物件とは違う戦略があった!

シングル・40歳からの賢いマンション購入戦略

ここからはシングル・40歳からのマンション選びという観点で、「やってはいけない」マンション購入時の注意点についてお伝えしていきましょう。

マンション購入に関しては、大きな買い物ということで、雑誌や書籍、インターネットなどにさまざまな情報が溢れています。しかし、**実はそのほとんどはファミリー向け物件についてのもので、単身者向け物件の情報はまだまだ少ないのが現状**です。

ファミリー向け物件の情報を鵜《う》呑《の》みにしてしまうと、物件選びを間違えたり、かえって損をしてしまう可能性があります。単身世帯は徐々に増えつつあるため、今後は単身者向けの情報や制度変更も増えていくことが期待されますが、過渡期にある今は自分でしっかりと情報収集することが欠かせません。

そこでこの章では、**ファミリー向け物件とは違った視点が必要なポイントや、一般的なマンション購入で当然だと感じてしまいがちな見落としポイント**を拾っていきます。

NGポイント1 「住宅ローン減税」にこだわる

「家を買う時ローンを組んだら、税金が安くなる」と思っている人は多いのではないでしょうか。

これが住宅ローンを組んで自宅を購入した際に利用できる「住宅ローン減税」です。2024年の入居だと、最大400万円強の減税が受けられるため、対象となる人は抜け漏れなく手続きをとりたい制度といえます。

しかし、実は住宅ローン減税を受けられる物件は、登記簿記載面積で50㎡以上(2024年までに建築確認された物件は、合計所得金額が1000万円以下の年分に限り40㎡以上も対象になる見込み)という広さの条件があるのをご存じでしょうか。つまり、単身でコンパクトな物件を希望している人は、住宅ローン減税を受けられない可能性があるのです。

この時、住宅ローン減税を受けたいがために、無理して広い物件を選んだほうがいいかというと、必ずしもそうとはいえないでしょう。

不動産経済研究所の「首都圏　新築分譲マンション市場動向（2023年11月）」によると、新築分譲マンションの1㎡当たりの単価は128・0万円。5㎡広い物件を求めようとすると、物件価格が640万円程度アップする計算になります。住宅ローン減税で13年かけて減税される総額を、物件価格の上昇分が容易に上回る計算となるわけです。

新築で首都圏のマンションのデータということを考えると、単価が高くなりやすい数字を使った試算ではありますが、実際の購入検討では5㎡どころではない広さの違いのある物件を比較することもあるでしょう。

シングルの場合、30㎡程度の物件を検討することも多く、40㎡や50㎡の物件とは、10㎡や20㎡の開きがあります。この場合、1㎡当たりの単価が多少低くても、やはり金額は大きく上昇することになります。

また住宅ローン減税が受けられるか否かを意識している人は多いため、平米単価以上にその境目の面積では物件価格に差が出るケースもあります。住宅ローン減税で受けられる恩恵以上に物件価格そのものが大きくなることは、珍しくはないでしょう。

物件価格が上がるということは、ローンを借りる金額も増えることになります。それに伴い**利息も増えるわけです**。住宅ローン減税の恩恵額と、物件価格の差が同額でも、やはり住宅ローン減税にこだわらず、物件価格を抑えることが賢明です。

そもそも、住宅ローン減税の最大減税額は、必ずしもすべての人が受けられるわけではありません。

住宅ローン減税は「年末ローン残高の一定割合が一定の年数」税額控除される制度です。2024年に長期優良住宅などを住宅ローンで購入した人の場合、4500万円を上限に0・7％の金額が13年間、減税されます。4500万円以上のローンを組んでいる人は、その0・7％に当たる31・5万円が最大の年間控除額です。それが13年間続けば合計409・5万円の減税が受けられることになります。

住宅ローン減税の3つの注意点

利用できればお得な住宅ローン減税ですが、実は誤解している人が少なくありません。ここで3つ、注意点を挙げておきましょう。

1つ目は、この0・7％は、**年末のローンの残高に対してかけられる**という点です。初年度の年末は4500万円ぴったりあったとしても、返済が進んで翌年の年末ローン残高が4400万円になっていたら、その年に受けられる最大の減税額は30・8万円（440

0万円×0・7%）になります。

2つ目の注意点は、あくまで減税なので、**自分が通常に支払うであろう所得税や住民税以上には恩恵がない**という点です。

例えば、独身で年収400万円の人の所得税は約8・5万円、住民税は約18万円です。合計しても約26万円のため、これ以上の減税をしようがありません。

大きな金額のローンを借りることができたとしても（そもそも年収400万円の場合、4500万円のローンを借りることは通常できません）、年間最大の31・5万円の減税は受けられません。

ちなみに、住民税からの控除にも上限が定められていて、2024年入居のケースだと9・75万円。今回例に挙げた人が最大限の住宅ローン減税を受けられたとしても、所得税から約8・5万円と住民税から9・75万円の合計約18・25万円が減税を受けられる最大の額となります。

3つ目は、**4500万円と例示した上限額は、購入する物件の性能によって異なる**という点です。4500万円を上限とするのは、新築の長期優良住宅や低炭素住宅です。ZEH水準省エネ住宅では3500万円、省エネ基準適合住宅では3000万円、その他の住宅では2023年までに建築確認された物件では2000万円ですが、そうでなければ限度額は0円と減税を受けることができません。中古物件では上限額が下がるなど、細かく決められています。

住宅ローン減税は、年収が高いため所得税・住民税も高い人が、低炭素住宅などスペックの高い物件を高額の住宅ローンを組んで購入したケースで、より多くの恩恵を受けられる仕組みになっているのです。

ちなみに、住宅ローン減税はこれまで50㎡以上の広さの物件を対象としてきました。消費税率の引き上げや新型コロナウイルスの影響、少子化対策などを背景に2020年10月から限定的なニュアンスで40㎡以上も対象にするという特例が何度か延長されながら続いている状況です。

基本的に、投資物件ではなく「住宅」ならば50㎡以上必要だろうという考え方から定められている基準ですが、都心部の場合は、40～50㎡でも充分に自宅として購入することもある広さです。もともとこの水準の広さを検討していた人にとっては、限定的に買いやすい時期とはいえるかもしれません。

	2025 年入居の借入限度額	一定割合（控除率）	一定年数（控除期間）	最大控除（可能性）額 借入限度額×控除率×控除期間
	4,500 万円	0.7%	13 年	409.5 万円 **※ 455 万円**
	3,500 万円			318.5 万円 **※ 409.5 万円**
	3,000 万円			273 万円 **※ 364 万円**
建築確認物件2,000万円）			10 年	0 円（140 万円）
万円			10 年	273 万円
万円				140 万円
までに建築確認物件は 40㎡以上・所得要件 1,000 万円以下）				

2024 年春に可決・成立すれば実施
いずれかが 40 歳未満の世帯」が対象となる限度額引き上げ

自分の受けられる恩恵が計算可能

↓

Step2

さらに自分の所得税、住民税以上には控除されないため、年収 400 万円（所得税 8.5 万円、住民税 17.5 万円）の人の場合
・所得税　8.5 万円 → 0 万円
・住民税　18 万円 → 8.25 万円（住民税からの控除は 9.75 万円が最大）
と合計 18.25 万円減税されるのが最大額

■ 意外と誤解が多い!?　住宅ローン減税による減税額

・年末ローン残高の一定割合が一定年数、税額控除される
・入居年によって、その割合や年数は異なる
・2024年入居だと0.7%、13年（10年）

住宅の種類		2024年入居の借入限度額
新築・買取再販	長期優良住宅・低炭素住宅	4,500万円 **※5,000万円**
	ZEH水準省エネ住宅	3,500万円 **※4,500万円**
	省エネ基準適合住宅	3,000万円 **※4,000万円**
	その他の住宅	0円 （2023年までに新築の
一般的な中古	長期優良住宅・低炭素住宅 ZEH水準省エネ住宅省エネ 基準適合住宅	3,000
	その他の住宅	2,000
所得要件	2,000万円以下	
床面積要件	50㎡以上（新築の場合、**2024年**	

太字は令和6年度（2024年度）税制改正大綱より。
※は「19歳未満の子を有する世帯」または「夫婦の

上記を踏まえて以下の2ステップで

↓

Step1

ある年の年末ローン残高が
・1,000万円の場合 → 7万円（1,000万円× 0.7%）
・2,000万円の場合 → 14万円（2,000万円× 0.7%）
・3,000万円の場合 → 21万円（3,000万円× 0.7%）
が控除される可能性がある金額。ただし、計算に加算できる年末ローン残高は上記表の「借入限度額」の金額まで

もちろん、だからといって予定していなかった人が購入を検討したり、平米を広げたりする必要はなく、**制度を抜きにして自分がどういう広さ、どういう予算の物件を買いたいのかを決めるのが先です。**制度の利用は、制度があってもなくても採用するであろう選択肢を固めた上で、抜け漏れなく利用できることを後から丁寧に拾い上げていく感覚で活用するのがいいでしょう。

NGポイント2 「住宅取得のための」生前贈与をアテにする

親や祖父母から蓄財につながる資金をもらった場合には、贈与税がかかります。住宅を購入するための援助をしてもらった資金については、「直系尊属から住宅取得等資金の贈与を受けた場合の非課税」という扱いがあり、一定の金額は贈与税がかからず受け取ることができます。住宅ローン減税同様に、必ずしも常にある制度という訳ではなく、購入する年によって上限額も変わります。

２０２３年までの購入の場合、一定の省エネ等の基準を満たす場合は１０００万円まで、一般の住宅は５００万円まで、贈与税がかからず受け取ることができました。令和６

年（2024年）度税制改正大綱では省エネの基準の見直しが一部ありますが、金額はそのままで3年間延長という内容が出ています。2024年春に可決・成立すれば、同様に1000万円か500万円までが、親や祖父母から贈与税がかからず支援を受けられることになります。

ところが、**この制度も住宅ローン減税同様、登記簿記載面積が50㎡以上（合計所得金額1000万円以下の場合は40㎡以上）という条件があります**。つまり、シングルが購入しようとしている物件だと、やはり利用できない可能性があるということです。

住宅ローン減税の時の考え方と同様に、部屋の広さをアップすることで物件価格も上がるため、援助を受けられる金額がそれを埋めてくれるのか、冷静に考える必要があります。

「暦年課税制度」とは

住宅購入などの用途を問わない贈与として、**年間110万円まであれば贈与税がかからない基礎控除があります（「暦年課税」制度）**。こちらは部屋の広さも関係がないため、援助が受けられる場合は一考の余地があります。

なお、相続税や贈与税は2024年から制度が大きく変わりました。

■ 暦年課税制度の変更点

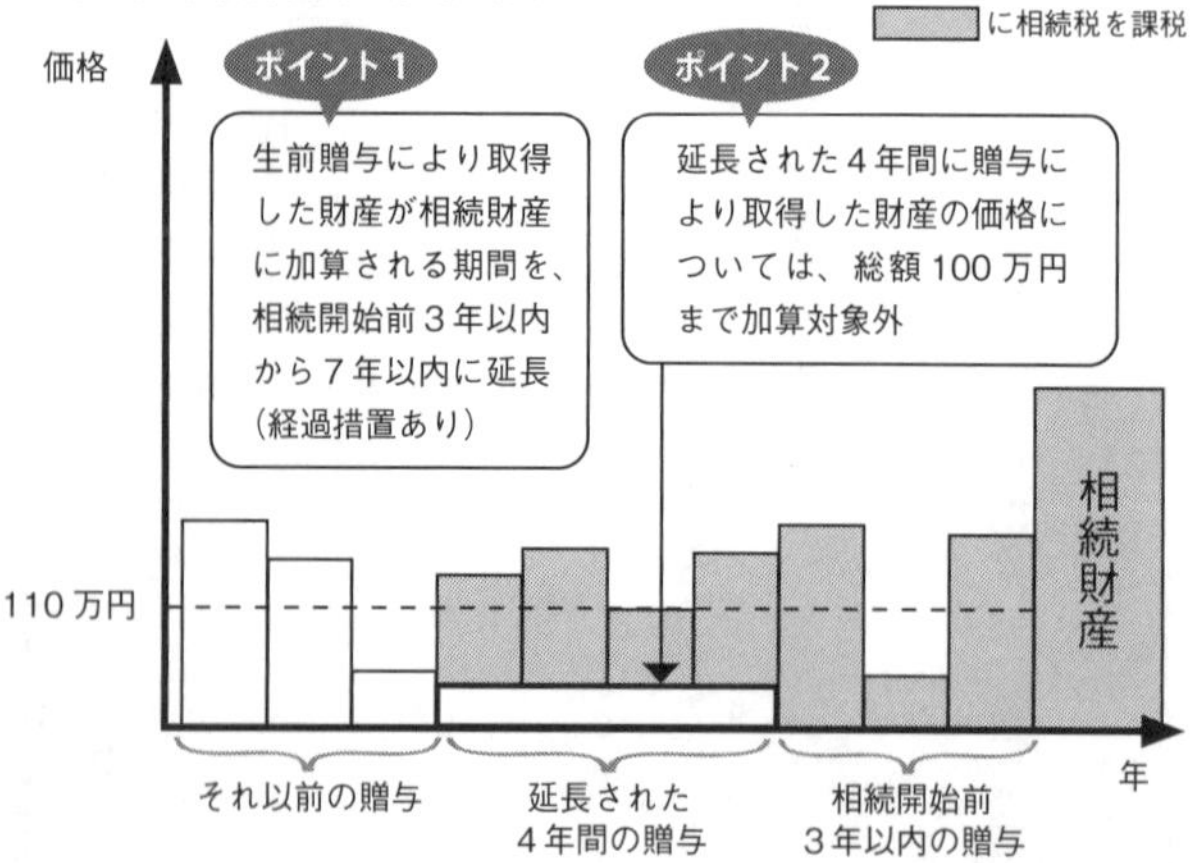
に相続税を課税
価格
ポイント1
生前贈与により取得した財産が相続財産に加算される期間を、相続開始前３年以内から７年以内に延長（経過措置あり）
ポイント2
延長された４年間に贈与により取得した財産の価格については、総額100万円まで加算対象外
相続財産
110万円
年
それ以前の贈与
延長された４年間の贈与
相続開始前３年以内の贈与
（2024年1月1日以降の贈与で適用）

相続税と贈与税は関係性の深い税金です。亡くなった時に財産を受け取ってかかる相続税のほうが、一般的には納税額が少なくなりますが、多くの資産を残したまま亡くなると税金の計算から差し引かれる基礎控除額などからオーバーすることもある（例年、1年間で亡くなった人の1割弱程度が該当）ため、生きている間に少しずつ贈与を行う生前贈与が選択肢に入ってきます。

ただ、相続税より高くなりがちな贈与税を非課税にできる金額は年間110万円など、限定的です。生前贈与で劇的に世代間の資産を動かすことは、短期間では難しいということですね。

従来、生前に贈与があった場合でも、贈与

をしてくれた親などが亡くなり、相続が発生した場合、相続開始前の3年以内に受け取った贈与については相続された財産として計算し、基礎控除額（3000万円＋600万円×法定相続人の数）などを超えるようであれば、相続税の納税が必要でした。

２０２４年以降に贈与された資産からは、この期間がさらに延び、相続発生前の７年以内に受け取った贈与については、相続財産に加算して計算することになりました（2024年以降に贈与された資産が対象なので、７年分カウントされるようになるのは２０３１年以降）。生前贈与でタイミングを計って子や孫に資金を渡すことが、より難しくなったといえるでしょう。

なお、延長になった4年分については、総額１００万円分は加算の対象から外して計算をすることができます。

「相続時精算課税制度」とは

住宅購入において、親や祖父母から資金援助を受けられる人がもう１つ選択肢として考えられるのが、**「相続時精算課税」**という制度です。特に届け出をしない場合に適用される「暦年課税」制度とは異なり、**届け出をすることで特別控除２５００万円までを贈与税**

としては非課税で援助してもらうことができます。ただし、相続時には改めて相続財産として計上して税額を計算します。

通常、贈与税よりも相続税の金額が低くなるため、早いタイミングでまとまった金額を贈与税を払わず渡せることは、メリットがあるケースもあります。

注意点としては、一度相続時精算課税制度を利用した間柄の贈与については、暦年課税制度に戻れません。また、親、祖父母の年齢が若く健康で資産が多い状況などでは、必ずしも有利に働くとは限りません。

税金については、最寄りの税務署や日本税理士会連合会の相談窓口などを利用して、それぞれのご家庭のケースについてあらかじめ情報収集をするのがいいでしょう。

この相続時精算課税制度も2024年から改正があり、使いやすくなりました。2500万円の特別控除に加えて、年間110万円の基礎控除も利用できるようになったのです。そのため、相続財産としてはカウントされるものの贈与としてはカウントされない累計2500万円と、贈与としてもカウントされない年間110万円の枠が利用できることになります。

なお、用途を問わない通常の相続時精算課税制度が利用できるのは、60歳以上の親や祖

■ 相続時精算課税制度の変更点

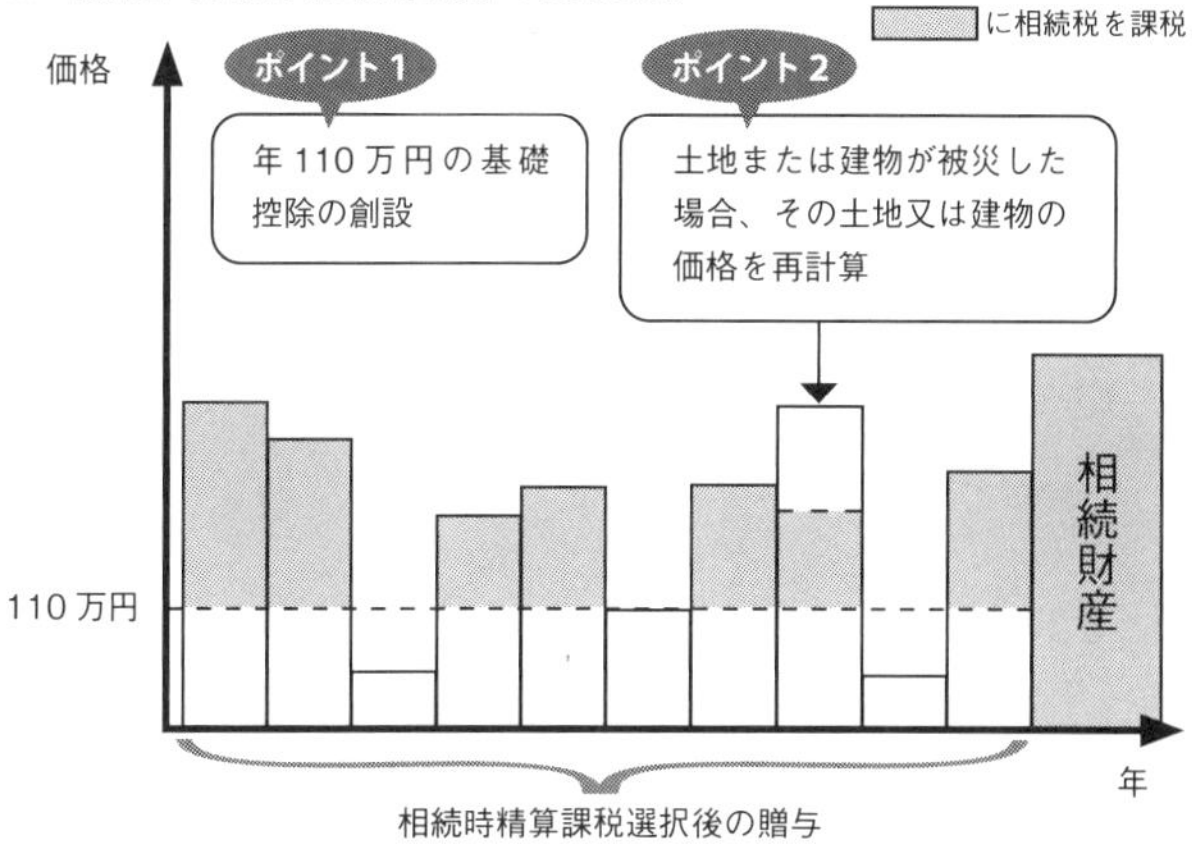
に相続税を課税
価格
ポイント1
年110万円の基礎控除の創設
ポイント2
土地または建物が被災した場合、その土地又は建物の価格を再計算
110万円
相続財産
年
相続時精算課税選択後の贈与

（2024年1月1日以降の贈与・災害で適用）

父母から、18歳以上の子や孫に対する贈与です。もし新築の住宅購入などのための資金である場合は、親や祖父母が60歳未満でも利用できます（相続時精算課税選択の特例）。ただ、この時に対象になる購入物件も50㎡以上（合計所得金額が1000万円以下の場合は40㎡以上）という広さの要件があります。

40歳・シングルの住宅購入であれば、親の年齢は60歳以上のことが多いと考えられるため、無理に面積の要件を満たして、相続時精算課税選択の特例を利用しなくても、通常の相続時精算課税制度で充分かもしれませんね。

住宅資金のための援助という観点だと、シングルのマンション購入では広さの要件の観点で利用できない制度もありますが、用途を問わず資金を動かせる制度であれば、親や祖父母からの助けを得られるかもしれません。

NGポイント3　チラシで部屋の広さを判断する

ここまで、シングルのマンション購入では、面積によって期待していた制度が使えない可能性があることをお伝えしてきました。

ところで、これらの制度を利用する際の基準となる面積は、登記簿上の面積で、一般的には**内法**《うちのり》といわれる面積に当たります。部屋の壁の内側を測った大きさで壁の厚みは含まれません。

対して**壁芯**《かべしん・へきしん》と呼ばれる面積もあります。こちらは壁の中心部までを部屋の広さと見なして測る面積で、壁の厚みの半分程度が自室の面積として表記されることになります。内法よりも壁芯のほうが面積は大きくなるわけです。

チラシなどで表記されている面積は、一般的には壁芯面積のため、登記簿上で表示される内法の面積よりも広く表示されることになります。

■ 床面積の計算方法の違い

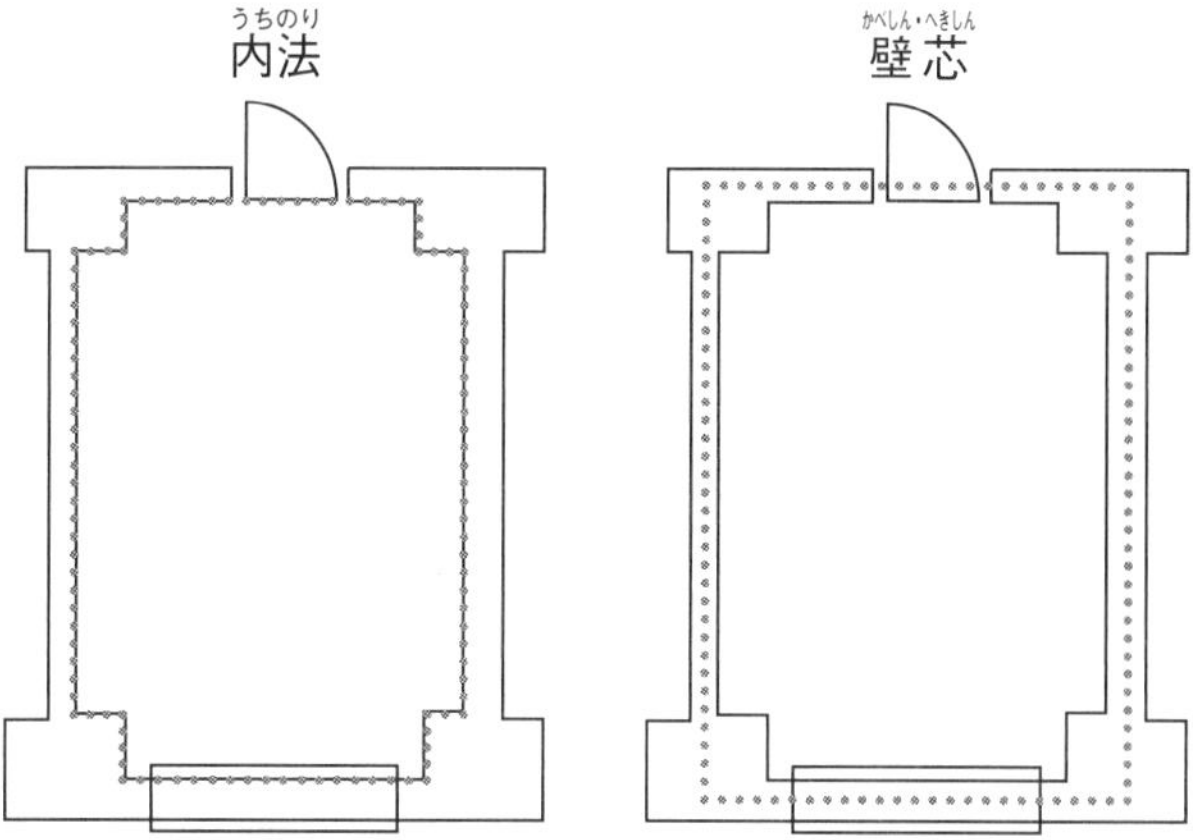

つまり、チラシ上で50㎡（40㎡）ちょうどの物件を購入したとしても、登記簿上は50㎡（40㎡）未満の物件となり、住宅ローン減税や、住宅取得のための贈与税非課税の措置を受けられない可能性があるのです。

首都圏のマンションでは、チラシ表記50㎡の物件も多く流通しています。ファミリーで暮らすための部屋としても検討しうる広さですが、これだと購入年度や所得によっては住宅ローン減税などが利用できないわけです。同様にシングルのマンション購入でもぴったり40㎡の物件などは視野に入る広さですが、やはり期待しているほど住宅向けの減税施策は利用できない可能性があります。

ちなみにマンションを買う際に利用できるローン商品は、**住宅向けの「住宅ローン」**と、**投資物件を買うための「不動産投資用のローン」**が存在します。「住宅ローン」を利用できる部屋のサイズは金融機関によってさまざまですが、「壁芯で30㎡」という基準にしているケースが比較的多いです。それより狭いと投資向けに物件を買おうとしている可能性が高まるとして、住宅ローンの対象から除外するという考え方になりがちなのです。

制度や利用できるローン商品に影響を与える床面積。その面積は、壁芯と内法、どちらを基準にしているのかまでチェックすることで、正しい選択肢を把握することができます。チラシの面積を確認するだけでは、見落としてしまうことがあり得ると知っておきましょう。

NGポイント4　一生に一度の買い物だと考える

マンション購入というと、一生に一度の買い物という印象が強いかもしれません。しかし、そんな風に気負わないほうが、ライフスタイルの変化に合わせて売ったり貸したりがしやすい物件を選べる可能性があります。

一生に一度の買い物だと考えると、自分の理想である仕様を盛り込むことや、自分がローンを組める限界まで力を出し切ってスペシャルな物件を探したくなってしまいがちです。

しかし、自分の好みに加えて、他の人の好みかどうかという視点を入れておくと、いざ状況が変わって他の物件に買い換えるとなった時、売却したり貸したりしやすく、フットワークの妨げにならない物件になります。

「自分のスペシャル」という観点と「他者にも概ね評価される」という観点では、ズレが生じることが多々あります。

自分のスペシャルの場合、豪華な設備や、どうしても譲歩できない広さ、派手な仕様やグレードなど、思い入れやこだわりのポイントが増えやすくなります。一方、他者にも概ね評価されるという観点を含めると、標準的な仕様に優位性を感じることや、金額が適正であるかという点をシビアにチェックしやすくなります。

前述した通り、購入後、しばらく住んでからも売却しやすい物件は、住みたい人の人数に対して、供給されている物件が少ない、立地にこだわった物件といえます。

それでいて予算的に手の届く物件となると、稀少立地のコンパクトな物件であれば現実的です。次に買ってくれる人も手が届きやすいというメリットがありますし、賃貸の需要としても安定することが期待されます。シングル・40歳からの物件選びでは、自分が暮らす部屋としても、そうした物件を選びやすいという利点があります。

なお、売買と賃貸では少し様相が違い、売買の場合は多少広さがある物件のほうが流通しやすい傾向にあります。

売買だと、次に買う人も、やはり自分のためのスペシャルを求める傾向があるため、住宅ローン減税を使える範囲で60㎡前後など、ファミリー向けにも適《かな》う物件のほうが売りやすいという側面はあるでしょう（今後の世帯の形の変化でこれらも変わってくる可能性はありますが）。

一方、賃貸については、利便性と金額を重視する傾向にあり、そうなると広さの優先順位は下がります。比較的安くて便利な場所に住める物件を「借りたい」というニーズは多いため、シングル・40歳からが買いやすいコンパクトタイプのマンションの強みが発揮されます。

賃貸の需要が高ければ、売却時には実需だけではなく、投資の市場でも売れる可能性があります。購入金額や売却金額を間違えなければ、ある程度売買の流動性も期待しやすいでしょう。

購入した物件を売却し、高齢者施設に入居する際の一時金にすることもできるかもしれませんし、一時金は自分で準備したお金で支払い、物件を賃貸に出すことで月額の利用料に充てることもできるかもしれません。

もちろん長く暮らせる部屋として物件を選ぶのもよいことですが、プラスアルファ、**あえて少しドライになって「いつかは売ったり貸したりするかもしれない」という視点を加えると**、将来ライフスタイルが変化した時の助けになるでしょう。

ちなみに自宅を売却して利益が出たとき、3000万円までは控除できる特例があります（居住用財産を譲渡した場合の3000万円の特別控除の特例）。

意外かもしれませんが、この特例については、住んでいた住宅に対する広さの要件がありません。そのため、コンパクト物件を購入した人であっても、実際に住んでいた物件であれば、利益に税金がかかりにくい状態で売却することができます。なお、元々は投資用として保有していた物件などに、売却前に一時的に住み自宅のような扱いで売却しても、特例を利用することはできません。いったん賃貸に出すと適用されづらくなるのでご注意を。

NGポイント5 「買い時」を見極めようとする

「どうせマンションを買うのなら、『買い時』に買いたい」

これは誰しも頭をかすめることかもしれません。

できれば物件価格が高騰していない時に買いたいし、住宅ローン金利は低いほうが嬉しいですよね。住宅ローン減税などの施策もその年によって違うため、「来年から限度額が下がる」「条件が厳しくなる」などと聞くと、焦る気持ちや時期を調整したくなる気持ちになるのも無理もないことです。

ただ、こうした「買い時」にまつわる事柄は、自分ではコントロールできない事象のことが多いですし、場合によっては他の要因の影響のほうが大きいかもしれません。

住宅購入に影響する要因は、「外的要因」と「内的要因」の大きく2つに分けられます。

「外的要因」とは、先ほど例に挙げた物件価格やローン金利の傾向、制度の状況など、自分の手が及ばない要因を指します。一般的に「買い時」を見極めるというと、これらのタイミングを見計らうということになるでしょう。

「内的要因」とは、自分自身の収入や蓄財状況、転職などのキャリアの予定や、健康状態、将来実家を引き継ぐ予定の有無など、自分の選択や背景から来る要因です。

例えば、いくら「買い時」だといわれていても、自分の経済状況が安定していない中で物件を買うことは現実的ではありません。そして自分が選択する部屋によって物件価格そのものが1000万円以上違うことは通常にあります。50㎡の1LDKを買うか、40㎡の1DKを買うかで物件価格は全然違いますよね。これらは直接的ですし、買い時かどうかの変動幅よりも大きくなることもあるでしょう。

年齢や健康なども、マンションの買いやすさに大きな影響を与えます。のちほど詳しく述べますが、健康ではない場合、住宅ローンを借りる際の「団体信用生命保険（団信）」の加入の選択肢が狭まることなどが起こります。思った時に思ったローン商品は借りられない、思ったほどの金額は借りられない、あるいはそもそも住宅ローンを借りられないことなどもあります。また、年齢を重ねると働ける期間が短くなり、ローン返済が大変になるという側面もあります。

「外的要因」に比べてこれらの要因のほうが、そもそも買えるのか買えないのかに、直接的な影響を与えます。健康状態も整っていて、経済的な安定感があって、悪くない物件に巡り会えたのであれば、そのタイミングが本当の「買い時」といえるかもしれません。

「外的要因」の「買い時」は確かに気にはなりますが、**自分のライフプランに照らし合わせた「内的要因」のほうがより重要**です。まずは「内的要因」を重視して物件選びや買うタイミングを検討し、無理なく調整できる範囲で「外的要因」もチェックする、くらいの付き合い方を目指すのが適当でしょう。


ちなみに、金利が下がるとローンの返済がしやすくなるため、需要が維持されているなら物件価格は上がる傾向にあります。逆に金利が上がってくるとローンの返済が大変になることから、物件価格が下がる傾向にあります。

物件価格と住宅ローン金利はシーソーのような関係にあるため、どちらかが上がっている、下がっているという影響が、必ずしもすべてダイレクトに自分の支払額に影響するとは限りません。

例えば、30㎡の駅近物件を2500万円で買える時に住宅ローン金利が1・5%だった場合、すべてローンを組んだ場合の35年間の総返済額は約3215万円。同物件が3000万円出さないといけない相場になっていた時に住宅ローン金利が1・0%と少し低かった場合、同じく35年の総返済額は約3557万円。

物件価格は500万円の差がありますが、総支払額は約342万円の差。金利の0・5％は大きな違いにも見えますが、適用される物件価格そのものが違うと、その影響が限定的であることもわかります。

それぞれ、途中で繰り上げ返済などをすれば、総支払金額を少なくすることもできます。繰り上げ返済するかどうかは、自分で行える取り組み・判断なので、ここでも「内的要因」が「外的要因」の影響を薄めることができるということになります。

こうした面で考えても、やはり「外的要因」の与える影響は、ある程度限定的だといえそうです。

NGポイント6 「ローンが組める金額」で予算を決める

住宅ローンは年収の何倍までの金額（年収倍率）かや、年間返済額が年収の何割か（返済比率・返済負担率）などによって審査が行われます。金融機関によって基準が異なりますが、「借りられる」金額という意味だと、年収倍率は7倍程度、返済比率は30〜35%程度まで借りられることが多いです。

例えば額面年収４００万円の人が借りられる金額は、年収倍率の観点だと２８００万円程度。２８００万円を年利１・５%、35年返済したとすると月々の返済額は８万５７３２円・年間返済額は１０２万８７８４円です。この金額は年収に対して25・７%なので、このケースの返済比率は25・７%ということになります。

同じ例で返済期間を30年とした場合、返済期間が短くなる分、月々の返済額が大きくなるため、返済比率は29%になります。そのため、一般的には返済期間を短くすると、返済比率の観点で審査が厳しくなる傾向にあります。

なお、審査に利用される金利は実際に適用される金利とは異なります（高めの金利で審査されていると考えられます）。

この時、年収倍率や返済比率の上限額まで借りたくなってしまうかもしれませんが、**借りられる金額と返しやすい金額は異なります。**

首都圏のファミリー向け物件の場合は、価値を維持しやすい物件を手に入れることを考えると、どうしても高価格帯になることが多いため、共働き夫婦などがあえて上限目一杯の立派な物件を狙うというケースもあります。確かに、スペシャルな立地×充分な仕様で価値の維持を期待し、共に高収入の夫婦であれば、こうした戦略も1つの選択肢といえるでしょう。

しかし、基本的には最後まで自分ひとりで返済しながら生活をしていく可能性が高い場合、返しやすい金額をシビアに見ていくことが大切です。

「無理なく返済できるか」を考えてみる

先ほどの返済比率を例に挙げて、もう一段階考えてみましょう。

35年で返済する場合、先の例では返済比率が25・7%でした。年収に対して25・7%であれば、払いやすいと感じるかもしれません。

しかしマンション購入では、管理費、修繕積立金、固定資産税など、ローン返済以外の費用もかかります。物件によって変動はありますし、修繕積立金は5年ごとに金額が上がることも多いため、ローン返済以外に別途月々3万円程度はかかると算段しておいたほうがいいでしょう。

この費用も含めて計算し直すと、年間の住居費は約1395万円（1025万8784円+

36万円）。年収に対して約35％の住居費を割くことになります。

審査で目安になる金額は年収の額面のことが多いですが、実際に家計の割合を考える時には、手取り年収を考えるのが適当でしょう。年収４００万円の人の手取りは約３１４万円のため、年間の手取り収入の44・３％を住居費が占めることになります。

家計管理の観点で適切な住居費は「手取り年収」の３割程度が「上限」とお話しすることが多いですが、それをはるかに上回る割合が住居費として確定することになります。住居費を３割に抑えられたとして、通信費、光熱費、保険料などのその他の固定費を手取りの２割に抑えたとしても、手取りの半分を固定費が占めることになります。手取りの２割程度を貯蓄したいと思うと、食費（手取り15％程度が目安）を含む変動費を残り３割でやりくりすることになります。

手取りの収入から何に何割お金を使うかは、それぞれの人のこだわりが反映されるところです。住環境を充実させたいから３割より高めにして、その他の割合を下げることなども調整可能な範囲でもちろん選択できます。

ただ、**借りられる金額いっぱいまで借りてしまうと、その他の予算を圧迫してしまう**ことは理解しておく必要があるでしょう。自分が何によりお金を使いたいと思っているのか、

■ やりくりしやすい家計割合（例）

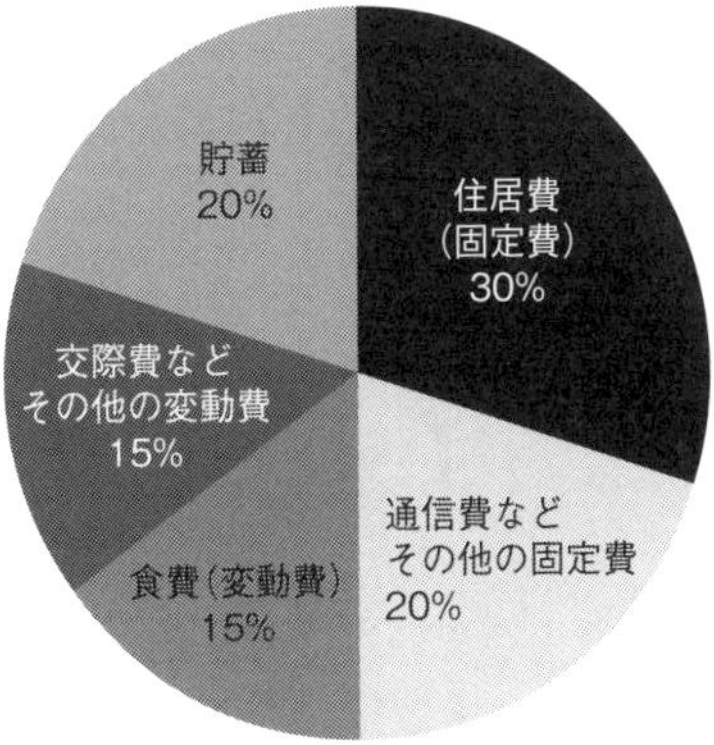

※家計割合はその人がこだわるところにより多くの割合を割くことになるため、こちらはあくまで一例

それがずっと続くことになっても耐えられるのかを冷静に検討する必要があります。

一般的には、年収の5倍程度の住宅ローンであれば、比較的返済しやすいといわれています。先の例に当てはめると、住宅ローンは2000万円に。金利は同じく1・5％で35年返済、ローン以外に月々3万円を見積もる計算だと、住居費は手取りの約35％になります。手取りの約3割は超えてしまいますが、通信費や光熱費などその他の固定費を抑えることで、うまくやりくりができるかもしれません。

ローン以外の金額も加算した年額が、現在賃貸で支払っている家賃や更新料と比較して高いのか安いのか、そもそも現在の賃料を無理なく支払えているのか、といった観点でも検証するといいですね。

購入した後の家計の割合も整理してみて、現実的な予算の範囲におさまるか、チェックしてみましょう。借りられる上限額ではなく、家計に落として無理のない予算を見定めることが重要です。

NGポイント7　借金をむやみに恐れる

マンションを購入するために多くの人が活用する「住宅ローン」。マンション購入を一生に一度のことと思わないこと、とはお伝えしましたが、そうはいっても頻繁《ひんぱん》に触れるわけではない金額を借り入れすることになります。

金融機関にお金を借りる、要は借金なので、適切に恐れる気持ちは重要です。一方で、**借金の効能もよく理解をしておくことが大切です。**

借金のメリットは、**まだお金を準備できていない段階でまとまった資金を用意して、何かを手に入れられることにあります。**ただ、最終的には利息を含めて返済しなければならないため、前借りしたことの効果が利息以上に得られなければ不利になります。**「借り入れした金利以上の投資利回りを出せるならよい借金」**などと表現をすることもありますね。確かに、事業などで借り入れをして、融資の金利以上に事業で収益を上げられるなら、事業規模を拡大させることの助けにもなります。

一般的な消費生活においては、欲しいものがあればお金を準備してから買うのが適当であり、できるだけ借り入れは避けたいところです。

そんな中でも**借金をしてもよいと考えられるのが、住宅ローン、奨学金、場合によっては自動車の購入**といえ、私は**「普通の人が借りてもよい3大借金」**だと考えています。

住宅ローンについては、借りていない間も何らかの形で住居費は負担する必要があり、住宅を購入できるまでお金が貯まるのを待っていたら、「家に住める」という恩恵を受けられる期間がどんどん減ってしまいます。購入資金を準備している間の家賃も含めて考えると投資効果も高いでしょう。

住宅ローンもですが、奨学金も一般的な借り入れに比べると、利率がかなり低く抑えられています。奨学金を借りて進学できたことで、将来の収入を向上させることができるのであれば、こちらも投資効果が高いといえるでしょう。

自動車の購入については、できれば現金での購入も視野に入れてほしいところではありますが、恒常的に自動車を使っている人がどこかのタイミングでまとまってお金を出すのではなく、使っている期間で均《なら》して支払っていけるのであれば、月々の収支を安定させる効果はあるのかもしれないと考えています。

「普通の人が借りてもよい3大借金」は大きな金額のもの、金利などの条件が比較的恵まれているもの、総合的に投資効果が高いと考えられるものが該当します。裏を返すと、**少額で金利が高い借り入れなどは、一般生活では避けたい借金**といえます。

借り入れの効能は、**手元に資金を置いたままにしておける**というメリットもあります。

マンション購入の際に、住宅ローンを恐れすぎて、手元にあまりお金を残さずに頭金をたくさん入れてローン金額を減らすというケースもあるかもしれません。しかし、一度頭金やローン返済に充ててしまったお金は手元に戻すことができません。分割して少しずつ返済を進めつつ、手元にもある程度のお金を確保しておくことで、病気になったり転職をしたりといった、日常生活の対応も可能になります。

住宅ローンを借りる際の金銭消費貸借契約（金消契約《きんしょうけいやく》）には、「期限の利益」という言葉が出てきます。契約で定めた期限まで全額一気にお金を返さなくてもよいという利益について述べられたものですが、こうした記載からも、早々にお金を返さなくてもよいということは、明確に利益であることがわかります。

適切に恐れる必要がある借金ですが、その効能や利益も把握して、闇雲《やみくも》に恐れずうまく付き合っていけると、金銭管理の強い味方になってくれるでしょう。

NGポイント8　ローン返済の期間を見直さない

前の項とは逆のことをいっているように聞こえるかもしれませんが、**もしも頭金を入れたとしたら、ローンの返済期間を短くすることも検討してみてください。**どうせまとまった資金を入れるのであれば、その効果をできるだけ生かしたいからです。

住宅ローンを組んで返済を進めている中でお金に余裕が生まれたら、一部の元金を前倒して返済する**「繰り上げ返済」**を行う人も多いでしょう。この繰り上げ返済には**「期間短縮型」**と**「返済額軽減型」**という大きく2つの方法があります。

どちらも借り入れを行った元本を返済し、その分の利息を軽減するものですが、その効果は期間短縮型のほうが大きくなります。

例えば2500万円を金利1・5％、35年返済でスタートして、5年後に200万円繰り上げ返済するケースで見てみましょう。繰り上げ返済しない場合の月々の返済額は7万6546円、総返済額は約3215万円、返済期間は5年経過しているので残り30年（360カ月）です。

返済額軽減型だと、月々の返済額は6万9628円になり、繰り上げ返済をした200万円も含めた総返済額は約3166万円、利息の軽減額は48万3430円になります。

期間短縮型（200万3732円）だと、月々の返済額は7万6546円のままですが、40回分の期間が短縮され、残りの返済回数は320カ月になります。同じく繰り上げ返済をした200万3732円も含めた総返済額は約3109万円、利息の軽減効果は105万8112円になります。

同じように約200万円の繰り上げ返済を行ったのに、返済額軽減型だと約48万円、期間短縮型だと約106万円の利息軽減効果が得られることになります。

返済額軽減型で軽減された月々約7000円（7万6546円－6万9628円）の金額を取り避けておいて、再びどこかで繰り上げ返済に充てることを繰り返すと、近い利息

■ 繰り上げ返済例

返済額軽減型

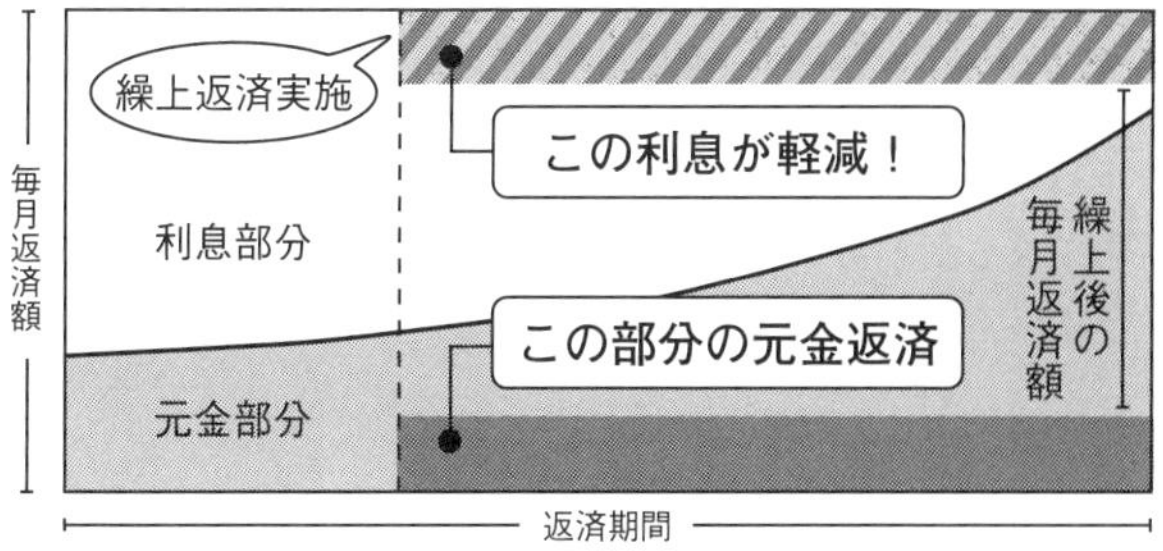

期間短縮型

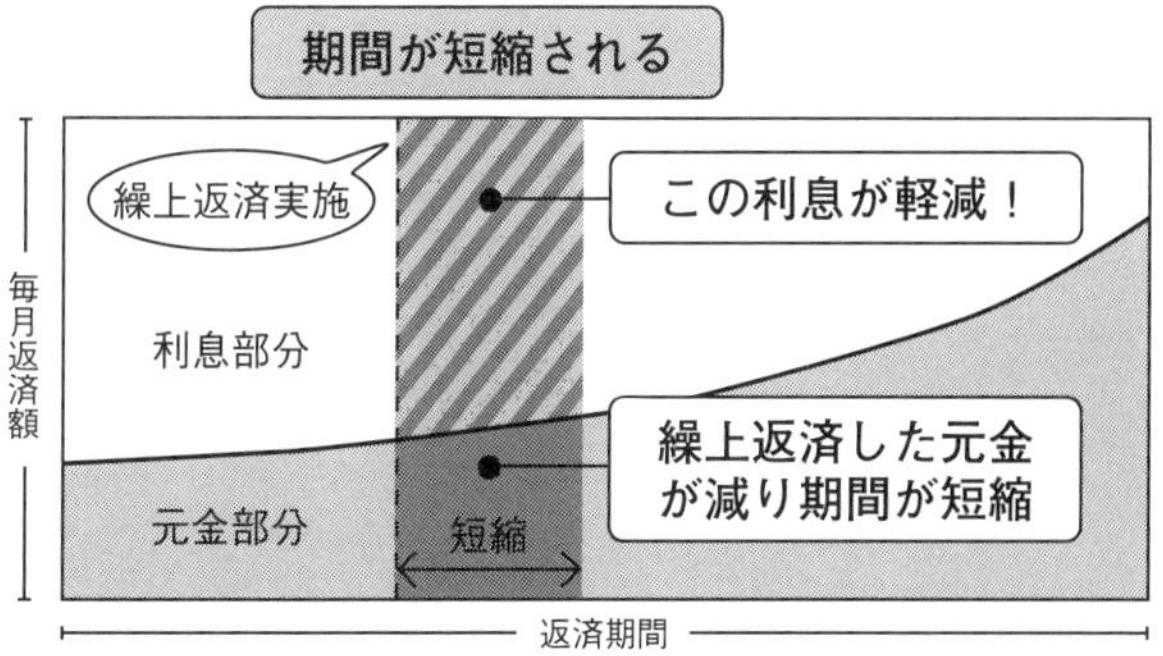

2,500 万円を金利 1.5%、35 年（元利均等）返済でスタートし、5 年経過後に約 200 万円の繰り上げ返済を行った場合

	繰り上げ返済しない場合	返済額軽減型	期間短縮型
月々の返済額	76,546 円	**69,628 円**	76,546 円
残りの返済回数	360 回	360 回	**320 回**
総返済額	**約 3,215 万円**	**約 3,166 万円**	**約 3,109 万円**
利息軽減効果	—	**483,430 円**	**1,058,112 円**

軽減効果が得られますが、現時点で月々の返済額に負担がなく、繰り上げ返済する200万円も手元資金を残した上での設定額であれば、より効果が得られる返済方法のほうが好ましいでしょう。

つまり、借りている金額を減らしたとしても、返済期間が長いままだと相応の利息が発生するわけです。

冒頭の話に戻りますが、**頭金を入れたにもかかわらず、返済期間を短くせず、最長の35年返済をすることは、繰り上げ返済でいうところの返済額軽減型を選んだ状態と似た形になり、少しもったいないわけです。**

返済期間は一般的な最長の35年だけでなく、34年や33年に設定することもできます。月々のやりくりに負担がない範囲で少しだけ年数を短くすることも有効な選択肢になるでしょう。

返済方法には2つある

返済方法には、実は**「元利均等返済」**と**「元金均等返済」**という2つの方法があります。本書では特筆がない限り、多くの人が選択する元利均等返済で数字を計算しています。

元利均等返済は、元本と利息を合計した月々の返済額が均等になる返済方法です。対して元金均等返済は、均等に分割した元金の上に、その時の残高に応じた利息が上乗せされる返済方法です。

繰り上げ返済を行わない場合は、元金均等返済のほうが総返済額は少なくなりますが、当初の月々の元利合計である返済額は大きくなります。比較的資産や所得にゆとりがあり年収に対して低めの予算で不動産を購入する場合などに有利といえます。一方で当初の月々の返済額が大きくなるので、無理なく返済できて物件価格の予算を上げたい場合には、選びづらいことが多いでしょう。

2500万円を金利1・5％、35年返済する場合、元利均等返済の場合は先に出てきた月々7万6546円で総返済額は約3215万円になります。

これが元金均等返済の場合は、初月の返済額は9万7774円で返済が進むと、最終的に月5万9598円程度まで減っていく形になります。総返済額は約3158万円のため、確かに元利均等返済よりも約57万円返済額が少なくなる計算です。

しかし、先ほど繰り上げ返済の例を見ていただいた通り、5年後に200万円程度を期間短縮型で繰り上げ返済すると、繰り上げ返済資金も含めた総返済額は約3109万円まで減らすことができます。予算組みをしづらい元金均等返済を選ぶよりも、元利均等返済で実際にゆとりができてから、繰り上げ返済を検討するほうが現実的かもしれません。

なお、どちらの返済方法を選んでいても、繰り上げ返済の利息軽減効果は返済初期ほど効果が高く、返済が進んでいくと効果が低くなります。

お金の余裕ができて繰り上げ返済を検討する際には、各社の住宅ローンシミュレーター（例：「カシオ高精度計算サイト」の繰上げローン返済 https://keisan.casio.jp/exec/system/1256183302）などを使って、現時点で繰り上げ返済をした場合に軽減できる利息がいくらなのかを確認しましょう。

まとまった資金を繰り上げることと引き換えに、軽減できる利息の金額に納得できるなら、繰り上げ返済を実行するようにしましょう。

NGポイント9 物件価格だけ見て購入を決める

ここまでで、マンション購入にはローン返済だけではなく、管理費や修繕積立金、固定資産税などのその他の維持費がかかること、また、登記の話の部分では諸費用がかかるこ

■ 住宅ローンの返済方法

元利均等返済

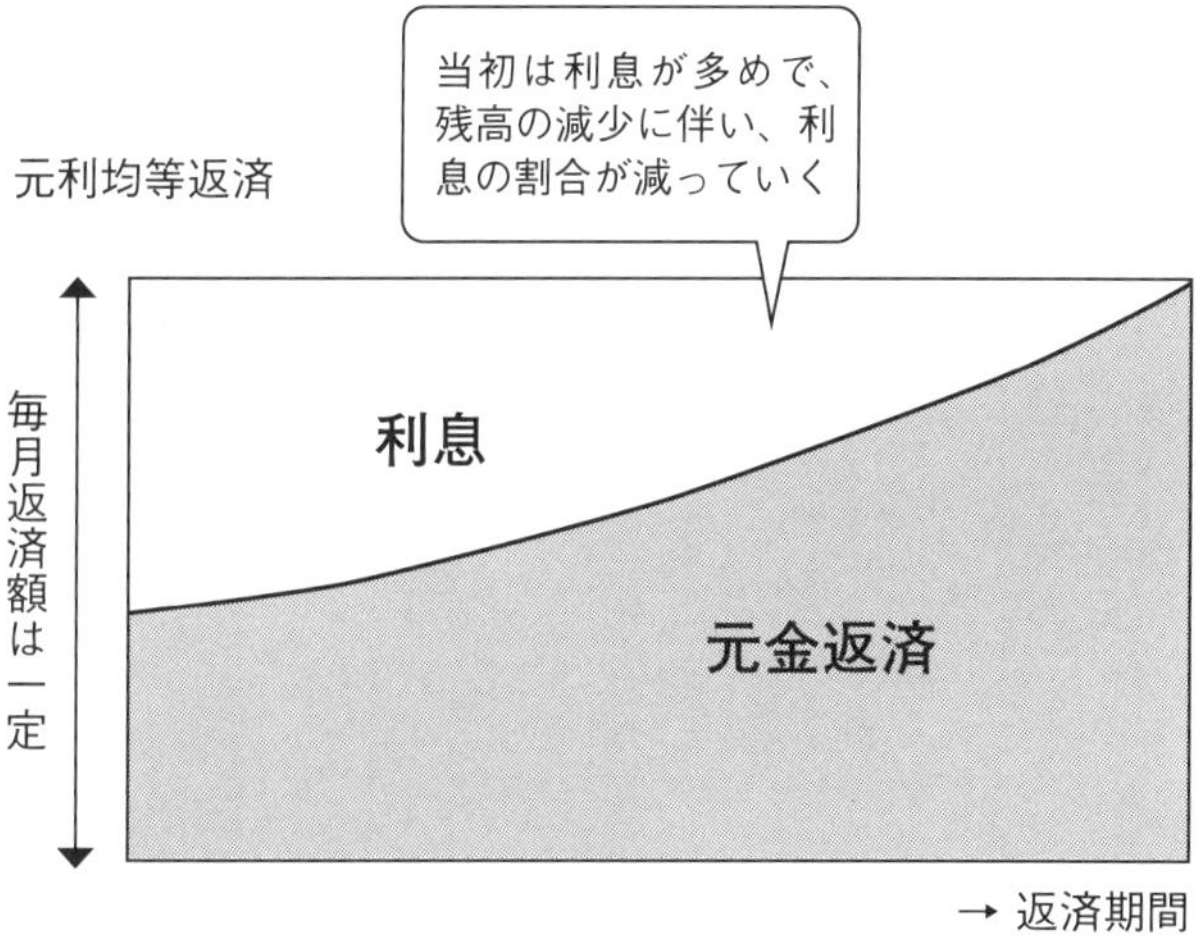
当初は利息が多めで、残高の減少に伴い、利息の割合が減っていく
毎月返済額は一定
利息
元金返済
→ 返済期間

元金均等返済

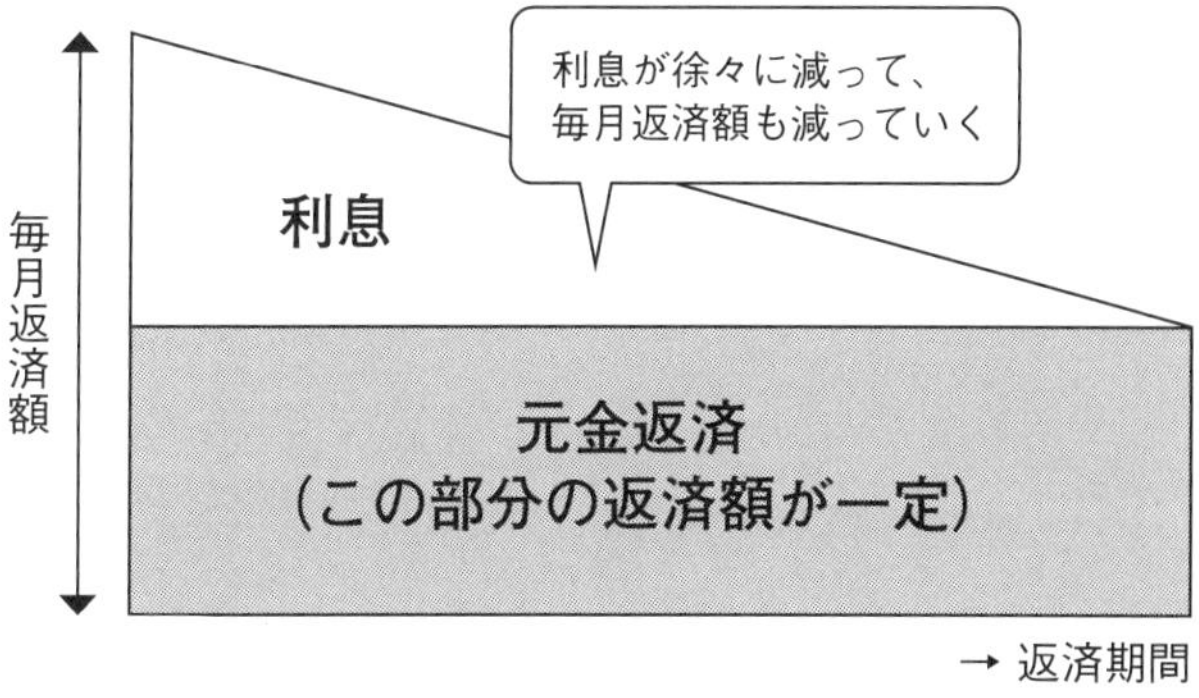
利息が徐々に減って、毎月返済額も減っていく
毎月返済額
利息
元金返済
(この部分の返済額が一定)
→ 返済期間

となどをお話ししてきました。**マンション購入では、チラシに載っている物件価格以外にもいろいろなお金がかかる**ことを、あらかじめ知っておくことが大切です。発生するお金を時系列で整理してみましょう。

まず必要になる初期費が、**諸費用**と呼ばれるお金です。**物件価格に対して新築だと3～6%、中古だと6～9%程度かかることが多い**とお伝えしました。

その内訳としては、すでにご紹介した登記の費用や司法書士への報酬の他に、住宅ローンを組むための事務手数料や、火災保険料、将来建物をメンテナンスするための修繕積立基金（新築のマンションを買う場合に支払う。月々に支払う修繕積立金と共にメンテナンスに利用する）などがあります。

新築に比べて中古の諸費用が少し高くなっているのは、個人が保有する中古物件を不動産会社に仲介してもらう場合などに、仲介手数料がかかるからです。400万円を超える物件の仲介手数料の上限額は「物件価格×3％ ＋ 6万円＋消費税」。あくまで上限なので、これより低くなることもありますが、ここで概ね物件価格の3％程度が必要になるということですね。

その他に**リフォームをする場合はその費用や、引っ越しの費用など**がかかります。引っ越し費用は時期や荷物の量、移動距離などでかなり変動がありますが、現在住んでいる物件の家賃1カ月分程度をイメージしておくと概算になるかもしれません。

物件を購入・入居してからの支払いは、**ローンの返済額に加えて、管理費、修繕積立金、固定資産税など**がかかります。

管理費は管理人さんに支払うお金や、廊下やエントランスなどの電球が切れた場合の交換費用など、日々の運営で必要になってくるお金です。

修繕積立金は、マンション全体の資産に当たり、みんなで積み立てていって将来物件の価値を維持するために活用します。管理費も見直すことはありますが、修繕積立金は、あらかじめ決められた「長期修繕計画」に基づいて、5年に1度などの頻度でほぼ上がっていきます。特に新築物件の場合だと、当初の費用が抑えられていることが多く、月4000円程度から、最終的に月2万円程度まで上昇することもあるため、「長期修繕計画」を必ず確認するようにしましょう。

チラシに掲載されている物件価格だけ、ローンの返済額だけで判断をするのではなく、その他にかかる費用に無理がないか、上昇する費目の予定についても心づもりをしておくようにしましょう。

NGポイント10 駅から7分を超える物件を選ぶ

物件価格を低く抑えるためには、広さを妥協する、建物のステイタスを妥協する、築年数が経ったものも選択肢に加えるなど、いくつかの方法がありますが、この時**妥協したくないのが、最寄り駅からの徒歩分数**です。

近ければ近いほど理想的ですが、できる限り、7分を超えるものは選ばないようにしたいところです。

最近は細かく指定できるサイトも出てきていますが、賃貸の検索サイトなどを見ると、検索条件の指定に駅からの徒歩分数が3分以内、5分以内、7分以内あたりが選択できることが多いです。駅からの徒歩分数7分を超える物件だと、駅近物件を検索する際のこうした条件に該当しないため、ヒットしてくれない、つまり部屋を将来賃貸に出しづらいという懸念が出てきます。

駅から7分というのは一例ですが、**物件を購入する際に、検討している物件の売買、賃貸の相場を確認しておくことは重要**です。同じ駅、同じ広さ、同程度の仕様の物件を検索し、売買や賃貸の相場を確認します。築年数については、新しいもの、古いものを両方確認するといいでしょう。

新築でも中古でもあまり値段が変わらないエリアは、物件価格が落ちにくいエリアだという目安にもなります。また、自分が購入しようとしている物件が築10年のものであったとしても、築30年や築40年の物件がいくらで売買、賃貸が行われているかをチェックすることも、将来の相場の目安になります。

一般的には、売買の金額は、景気や金利の動向と需要と供給などに応じて、比較的変動しやすい傾向にあります。その時買おうとしている人が納得して買ってくれる金額であればいいからです。

一方で賃貸の場合、賃料は動きにくい傾向にあります。賃料の上昇という観点だと、すでに借りている人に対して軽々には値上げできないという背景があります。賃料の低下という観点だと、投資物件として見た場合の利回りが下がるため、オーナーが避ける（不人気になった場合は賃料を下げずに1カ月無料などのフリーレント物件にする等の動きも）

ということもあります。
自分が買おうとしている物件の類似物件はどのような動き方をしているのか、よく観察して傾向をつかんでおきましょう。

NGポイント11 ローンを組んだ後、保険を見直さない

住宅ローンを組む際は通常、「団体信用生命保険（団信）」という保険に加入します。自分が亡くなったり、高度障害状態になったりした場合にローンが保険金で完済されるという商品です。

この保障を受けるための保険料は、ローンの金利の中で支払われていることや、金利に0・3％など上乗せして支払うことなどが一般的です。より保障を手厚くする目的で、死亡や高度障害にまでは至らなくても、3大疾病などが重症化した場合にも完済やローンの半分が返済されるといった内容を追加できる商品も出てきています。

つまり、**住宅ローンを借りる時点で、追加で保険に加入することになります。**そのため、団信以外に自分で加入している保険をリストアップして、重複分や過剰になっている

■ 起こる確率と経済的ダメージの例

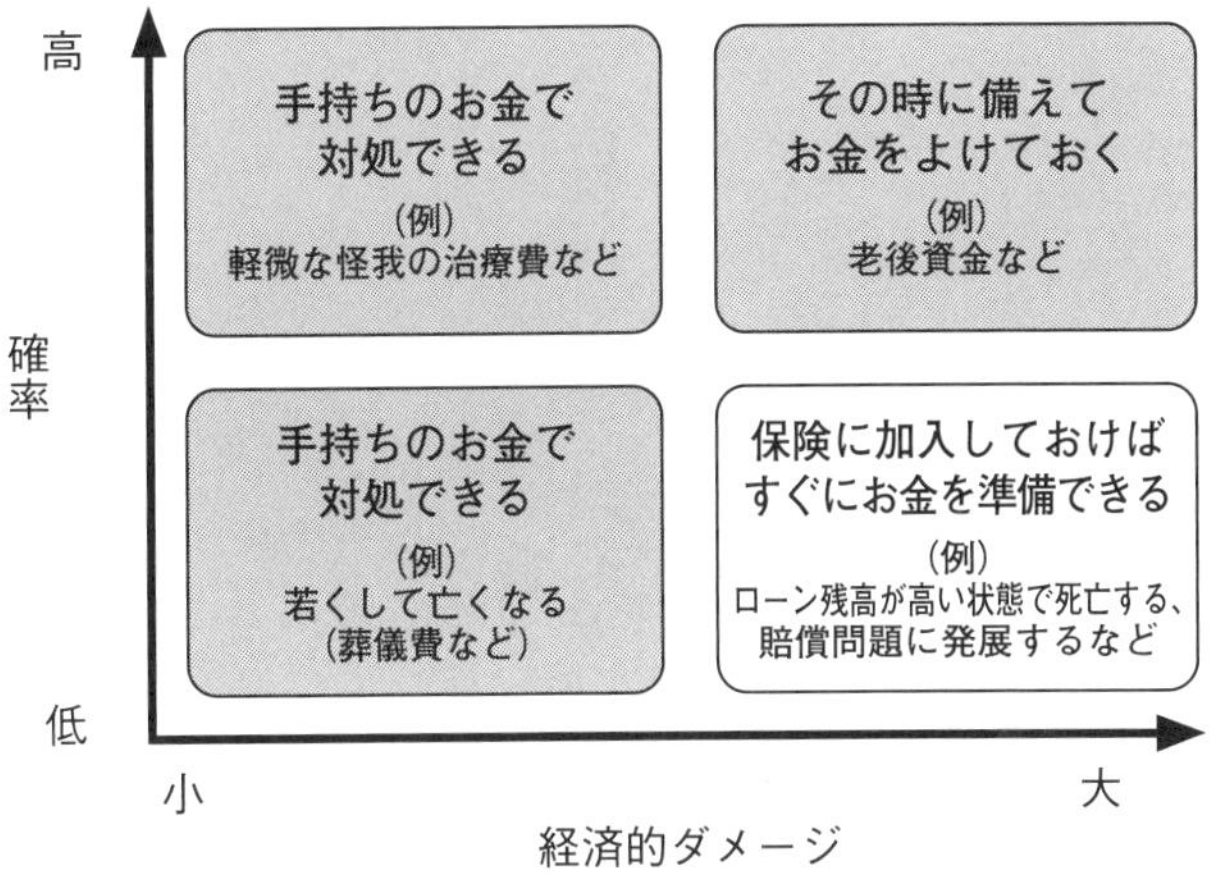
高
確率
低
手持ちのお金で
対処できる
(例)
軽微な怪我の治療費など
その時に備えて
お金をよけておく
(例)
老後資金など
手持ちのお金で
対処できる
(例)
若くして亡くなる
(葬儀費など)
保険に加入しておけば
すぐにお金を準備できる
(例)
ローン残高が高い状態で死亡する、
賠償問題に発展するなど
小
大
経済的ダメージ

ものを解約したり減額したりすることも大切です。

保険の基本的な考え方は**「起こる確率は低いけれども、起こった時の金銭的ダメージが大きいものは保険に頼る」**です。

起こる確率が高い事象であれば、金額が大きくてもある程度自分で準備をする必要があり、準備できるまでだけ保険に頼るなどの選択肢があるでしょう。金額が少ない事象であれば、それらに対応できる資産を蓄えておくことで対応できます。

起こるか起こらないかわからないことのために大金を準備しておくことは現実的ではないため、保険に頼るのが合理的なわけです。

住宅ローンを借りてマンションを購入し

て、残高がたくさんある状態で死亡してしまうことなどは、確率は低いものの、起こってしまった時にローンの返済をできそうもありません。そのため、団信の加入は必要ということになります。

マンション購入後に自分が亡くなったら、完済した物件を親や兄弟、姪や甥などに残すことになります（ちなみに、自分の相続が甥や姪にも関係があるかもしれないという話題も、単身者や子どものいない夫婦が増えていることから、最近注目されている論点です）。

もしマンション購入前に加入していた生命保険があるならば、預貯金や完済した物件が残せるその状態でも、一定の死亡保険金が必要なのか、それともよく考えたら葬儀などの対応は充分にできそうなのかということを確認するのがいいでしょう。

ちなみに、NGポイント7（76ページ）にも少し関係するところでもありますが、住宅ローンを借りた人の中には「ローンで保険に加入できているようなものだから、あえて慌てて繰り上げ返済はしない（手元にお金を残しておく）」と話す人もチラホラいます。

確かに、例えば手元資金をすべて使って完済してから亡くなった場合、遺された家族に渡すことができるのはマンションだけになります。一方、手元に資金を残した状態で亡くなった場合には、完済された物件と手元資金を家族に残すことができます。

資産を残す必要がある家族がどこまでの範囲なのかは人によって異なりますし、死亡だけに限らず高度障害になった時の自分への保障という目的など、期待する部分は人それぞれですが、ローンで加入できている保険を意識しつつ、手元資金のバランスを検討することは、頷けるものがあります。

ＮＧポイント12　都心でも地方でも同じ戦略で買う

売ったり貸したりしやすく価値の下がりにくい、立地にこだわった物件を選ぶというのは、どこのエリアでもある程度共通して活用できるテクニックです。しかし、本当に将来売却できるのかという観点だと、**都心部と地方ではまったく違った景色になるといえるで**しょう。

家族構成が変わってきて単身者の割合が増えること、都心のコンパクト物件のニーズが底堅いこととは対極的に、地方における人口減少のことを考えると、今後、価値を維持しやすい物件とそうではない物件の差は開いていくことが考えられます。

地方や人口が減少しているエリアに住んでいる場合は、将来、購入した物件が売れない可能性も加味して物件選びを考えていくことも大切でしょう。

たとえ売却できなかったとしても、住み続けられることで経済的な恩恵を受けることはできます。また、物件価格そのものが抑えられることは、大きなアドバンテージになります。

東京カンテイが行った調査によると、2022年の新築70㎡物件の年収に対する倍率は、全国平均で9・66倍。東京は最も高い14・81倍という結果になりました。各エリアの平均年収に対して、各エリアの物件価格を割り戻しているため、高くなる東京の平均年収を使ってもなお、倍率が高く厳しいという結果になっています。

シングルが購入する物件でもう少しコンパクトだったとしても、やはり東京での物件購入は、価格の面ではかなり大変な状況といえます。地方物件では当初の物件取得額にアドバンテージがあるため、その金額が今後の自分の人生の住居費として考えたときに適正なのかを考えて購入することで、手堅い物件選びが可能になります。

広さについては、東京では30~50㎡程度を目安に選ぶことが多くなりそうですが、地方物件の場合は40〜60㎡程度で抜群の立地を選ぶと、将来手堅い物件になることが多いでしょう。

売却は難しくても、新幹線停車駅徒歩圏内などであれば、転勤が多い企業に勤めている人や、単身赴任の人が借りる物件として、賃貸需要が安定することもあります。お住まいのエリアの地域性や、狙っている物件の仕様を新築・中古の売買、賃貸ともにどういったニーズがありそうか整理して、自分が住まいに求めるニーズとすり合わせながら選んでいけるといいですね。

第3章

もしもの時にも困らない！資金計画の立て方

これならひとりでも無理なく買える！

お金が尽きるタイミングを作らないことが大切

マンション購入に限らず、お金との付き合い方で外してはならない考え方として、「お金が尽きるタイミングを作らないことが大切である」という視点があります。

キャッシュフローや資金繰りという表現をされることもありますが、とにかく**必要な支払いや、必要なものを買いたいときに、預貯金が底を突いていて買えない、支払えないようでは困るということです。**

ごく当たり前のことを言っているように見えるかもしれませんが、この点を意外と重視していない人が多いように思います。

例えば、年収が高いこと、貯蓄が多いこと、支出が少ない(節約が上手)ことが素晴らしい、と思ってしまったりしないでしょうか。あるいは、2000万円の住宅ローンを借りると2500万円支払うことになるらしい、といった話題が気になったりしませんか?

確かに貯蓄が多いと嬉しいかもしれませんし、大きな返済額を聞くとどうにか抑えられないかと気になったりしますが、巨額の返済は急に襲ってくるわけではありません。

私たちが本当にお金に困るのは、目の前で必要な支払いができないことや、現に貯蓄の底が尽きることで、極論、やりくりできている間は困らないわけです。貯蓄はいつも通りにいかないときのための緩衝材として機能しますが、貯蓄が多いことだけが絶対的な正義ではありません。

マンション購入では、このキャッシュフローや資金繰りといった観点が非常に重要です。ローン返済は月々いくらになるのか、それで生活が回るのか、60歳や65歳など、自分がリタイアしたい時にいくら残っているのか、70歳や75歳まで働くことを視野に入れると問題なく運ぶのか……。

最も少ない金額を支払うことを目標にするのではなく、日々、月々、年々を滞りなく進行できることが目指すべきバランスです。総支払額が多少多くなったとしても、時間の猶予をもらえることや、月々の収支が改善するのであれば、そのことには価値があります。

総合的に自分が安心して生活できるバランスを大切にするという視点を忘れないように判断していきましょう。

マンション購入の予算については、やってはいけないことをお伝えした2章のNGポイント6（71ページ）などをご参考に、月々や年間で収支が回るかチェックして物件価格を検討してみてください。そして、購入以降の長い人生を見立てるに当たっては、これから述べる方法で中長期のやりくりをチェックすることができます。

これから先の「お金のシミュレーション」をしてみよう

ＦＰがよく利用するキャッシュフローをチェックするためのシートとして「ライフプランニングシート」というものがあります。何歳の時にどんなライフイベントがあり、その時の収支や貯蓄の残高はいくらくらいになるのかという情報を整理する表です。

最近では簡単な質問に答えることで簡易版のグラフを作ってくれるサービスもあるため、一度試してみてもいいかもしれません。

私がよく使う表は、60歳や65歳など、自分がリタイアしたいと思っているタイミングを起点として、以降の貯蓄残高推移をチェックする簡易版のシートです。

まずプラスの欄に資産と収入を記入していきます。これまでの貯蓄や投資の進行度合いを振り返り、60歳で準備できそうな資産を仮で決めます。退職金については、勤務先のルールをチェックして概算を、公的年金については、「公的年金シミュレーター」や「ね

■ 簡易版ライフプランニングシート（例）　現状

（単位：万円）

		60歳	61歳	…	65歳	66歳	…	72歳
プラス	NISAなど	600						
	貯蓄	500						
	退職金	1.000						
	公的年金				150	150	…	150
マイナス								
	住宅ローン	400						
	生活費	300	220	…	220	220	…	220
合計		1.400	1.180	…	450	380	…	△**40**

■ 簡易版ライフプランニングシート（例）　改善版

（単位：万円）

		60歳	61歳	…	65歳	66歳	…	89歳
プラス	NISAなど	600						
	貯蓄	500						
	退職金	1000						
	公的年金				150	150	…	150
	給与	**100**	**100**	**…**				
マイナス								
	住宅ローン	400						
	生活費	**276**	**196**	**…**	**196**	**196**	**…**	**196**
合計		1.524	1.428	…	1.094	1.048	…	△**10**

んきんネット」などを使って試算します。

マイナスの欄には負債や支出を記入していきます。**マンションを購入する人であれば、60歳時点などでの残高は必ずチェック**しましょう。変動金利でローンを借りる場合であっても、今のままの金利だと残高はいくらになるのか、多少金利が上がるといくらになるのかなどは、返済表やローンのシミュレーションサイトで試算、銀行のローン担当者に質問してチェックしておきましょう。あとはざっくりとした年間の生活費を振り返り記入します。

これらのプラスとマイナスを足し引きして、**資産が何歳までもつのか**を確認します。サンプルで作った例だと、NISAなどの投資で600万円、預貯金が500万円、退職金が1000万円ある人が、60歳で住宅ローンを完済することで、生活費が年間300万円から220万円に減少する例で計算してみました。退職金もありますし、比較的しっかり資産形成されている方ですが、72歳で貯蓄が底をつく計算になります。

それに対して、65歳までは年間100万円を得られるお仕事を続けて、生活費を月に2万円（年間24万円）落とすということを行うと、貯蓄は89歳まで維持できるという計算になります。少しずつの取り組みに見えますが、長期で見ると無視できない効果があることがわかります。

こうしたシートは、１枚の正解のシートを作ることが重要なのではありません。**現実的に選択できそうな改善策を組み合わせることで、自分にとって無理なく取り組めるバランスを探していくことが重要**なのです。

人によってはこうしたシートを作成した結果、退職時にローンの一括返済をしないほうが健全なフローになるケースもあるでしょうし、節約はできないけど長く働くことは苦ではないと感じる人もいるかもしれません。

自分にとって苦にならないバランスはどの組み合わせなのかを、状況が変わる都度、何枚も書いて、複数の未来予想図を立てておきます。こうすることで、生活の変化に直面した時に対応策が複数浮かんで、慌てずに済んだり、決断しやすくなったりします。

マンション購入は、これから何が起こるかわからない将来に対して、１つの大きな要素を確定させるように感じて、不安を感じる人もいるかもしれません。

しかし、私たちは誰しも未来が確定していない中で求める何かを決断し、変化があった時には、他の調整可能な部分で吸収しながら、人生全体を切り盛りしていくしかありません。マンション購入で返済や残高などの目処がある程度見えてきたら、他の調整できる要素も含めて全体的にチェックして、変化の時にも備えられると心強いでしょう。

勤務先の家賃補助が終わりがちな40歳

勤務先によっては賃貸に暮らしている人に対して、月数万円の家賃補助や住宅手当を出してくれるケースもありますね。マンションを購入した時に補助を出してくれる場合も一部ありますが、**一般的には物件を購入すると住宅手当が受けられなくなることが多い**ようです。金額や対象となる年齢はさまざまですが、40歳になると支給されなくなる、減額されるというケースは多いのではないでしょうか。

厚生労働省「令和2年就労条件総合調査の概況」によると、住宅手当の金額は企業の規模によって月1万4200円〜2万1300円とばらつきがあり、全体の平均だと月1万7800円となっています。月2万円前後の支給が多いということになるでしょうか。

住宅手当がなくなるタイミングで、マンション購入に踏み切る人も多いですね。

例えば、1カ月の家賃が9万円相当のところに住んでいて、月2万円が支給され、これまで月7万円の負担をしていたとします。家賃補助がなくなると、その手当分2万円が住居費に上乗せされるため、今後は毎月9万円を自分が払っていくことになります。

同じ金額の負担で同等か、それ以上の物件に住める可能性（17ページ参照）が出てきますし、最終的に自分の資産になっていくものへの支払いだと考えると、購入のほうが支払い甲斐を感じやすいかもしれません。

一方で、定年退職まで家賃補助が続く場合、どのように考えればいいでしょうか。購入に対してやや厳しめの見積もりを行った、18ページのケースをベースに比較してみましょう。

先に出た条件に加えて65歳になるまで毎月2万円の補助が出ると仮定します。すると、77歳で逆転する予定だった累積金額の分岐点が、84歳まで延長されることになります。単純な負担額だけを比較すると、同じ条件の物件に住み続ける場合、購入では84歳まで住まないと金銭的には損という結果に見えます。

65歳まで家賃補助がある賃料負担の累計額と、購入時の累計額の差が最も開くのは64歳のタイミングです。以降は家賃補助が終わってしまうため、差は少しずつ縮んでいきます。

■ 賃貸と購入の比較・簡易版

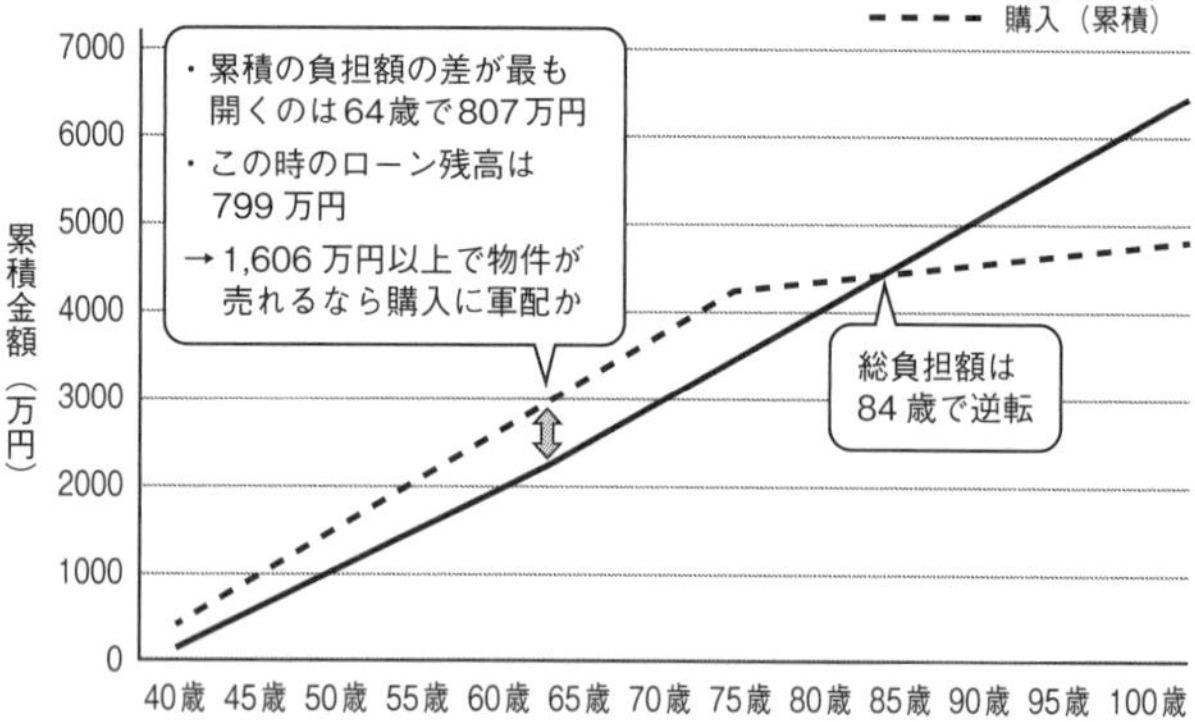

賃貸：月９万円、２年に１度更新料９万円（65歳まで月２万円の住宅手当）
購入：月8.8万円＋年５万円（固定資産税）、36年目から月２万円＋年５万円（固定資産税）
とした場合の住居費をシミュレーションした場合

64歳時点での賃貸と購入の累積金額の差額は約８０７万円。このシミュレーションは２５００万円のローンを金利１％、35年返済と仮定して試算していました。40歳からスタートした住宅ローンは、64歳の時点では約７９９万円になっています。

　つまりこの時、自分の物件がローン残高の約７９９万円と賃貸との累積負担の差額約８０７万円を合計した１６０６万円以上で売れるのであれば、購入にも利がありそうという結果になります。40歳の時に新築の物件を購入していたら築25年、築10年の物件だったとしたら築35年の物件ということになります。

　これから買おうとしている物件と同程度の条件で、築年数がそのくらいの物件が、いくらで売買されているのかをチェックすると、こうしたシーンで購入するか否かの判断の助けになりそうです。

買おうとしている物件、借りようとしている住宅ローン、賃貸を続ける場合の家賃相場や勤務先の住宅手当の水準などでガラリと結果は変わるため、ご自身のケースで類する試算を行ってみるのがいいですね。

変動か、固定か？　自分に合ったローン商品の選び方

住宅金融支援機構の「住宅ローン利用者の実態調査（２０２３年４月）」によると、住宅ローンの金利タイプは、変動型72・３％、固定期間選択型18・３％、全期間固定型９・３％という割合で選ばれているようです。金利が低いため、元本の返済スピードが速く、あとあと金利が上がったとしても影響が限定的だと考える人が多いのかもしれません。

ここで今一度、金利タイプの特徴について整理をしてみましょう。

「全期間固定型」「変動型」「固定期間選択型」がある

固定金利とは、契約をしたタイミングでの金利を維持して返済を続ける金利タイプです。変動金利とは、返済中も金利が変わる金利タイプです。全期間固定型とは、返済期間中ずっと契約当初の金利を維持する契約で、固定期間選択型は5年や10年など指定した期間だけは固定金利ですが、以降は変動金利などに切り替わる契約になっています。

セオリーとしては、これから金利が上がると思っている場合には固定金利を選択し、今の低い水準の金利をキープします。逆に今後金利は下がると思っている場合には変動金利を選択し、より低くなる金利を享受するという判断になります。

住宅ローンは返済が進むと、月々の返済額の元金と利息の割合が変化します。月々の返済額が同じになる元利均等返済であっても、その内訳については、返済当初は利息が多め、返済が進むと利息は少なめ、と変化していきます（85ページの図を参照）。

これは借りている金額が減っていくためです。借りる金額と金利、返済期間が決まると月々の返済額が決まりますが、そこから支払うべき利息を差し引いた残りが、元本の返済に充てられるイメージです。翌月は残った元本をベースに利息を計算することになるため、毎月同じ返済額の中の元本と利息の割合が変化していくわけです。

そのため、返済初期に変動金利を選んでおくことで金利が低く抑えられれば、元本がより早く返済され、以降で金利が上がったとしても元本自身が減っているため、影響が限定的になることが期待されます。

一方で、その金利が上がるタイミングがいつ到来するかは、誰にも読むことができません。

固定金利は長期プライムレート（金融機関が優良企業に１年以上の融資を行う際の最優遇金利）に連動し、変動金利は短期プライムレート（金融機関が優良企業に１年未満の融資を行う際の最優遇金利）に連動して推移しますが、自分が返済をスタートした数年後という比較的早いタイミングで短期プライムレートが上がってしまうという可能性を否定することができません。

そのため、変動金利の利率上昇時に対応ができそうにない人や、金利動向の観察を続けることが負担に感じる人、金利上昇の可能性を避けたい人は、金利を確定させる保険の意味を含めて固定金利を選ぶのが無難です。

変動金利で借りた場合と固定金利で借りた場合の差額を保険料だと割り切れるかどうか、ということになりますね。途中で繰り上げ返済などを行うことで、利息が軽減できれば、最終的にはこの保険料も当初の差額より安くなる可能性があります。手元資金にお金のゆとりが生まれてから繰り上げ返済を実施することで、かけていた保険料を圧縮するというイメージです。

「変動金利」と相性がいいのはどんな人?

では、変動金利をうまく乗りこなせる可能性がある人はどういう人でしょうか。

本来はローン返済をもっと進められる資金が手元にあるけれど、あえて住宅ローンで借りて、手元にまとまった資金を残しているケースなどが考えられます。そして金利の動向をチェックすることも苦にならない人は、変動金利と相性がいいということになりますね。

一般的な変動金利の住宅ローンは、半年に1回、「利率」の見直しが行われます。しかし「返済額」が変わるのは5年に1度です。

返済額は同じままで利率が下がれば、元本返済の割合が高まって予定よりも返済が早く進みます。逆に利率が上がると月々の返済額のうち元本返済の割合が下がり、予定よりも返済が進まない、といった具合です。

５年に１度の見直しの際、残っている残高とその時の利率で、返済額が上がったり下がったりします。**予定より返済が進んでおらず返済額が上がる場合、前の５年間の返済額の１２５％を超えてはいけないというルールになっているケースが多くあります。**つまり、当初の５年間が月々８万円の返済だった場合、６年目からは月々10万円以上には上がらないということです。

金利が急激に上昇すると、１２５％ルールで設定される返済額では支払い切れない利息（未払い利息）が発生することがあります。以降も金利が下がらず返済が進まない場合、返済終了のタイミングでまとめて未払い利息分を支払う可能性があります。

元金均等返済の場合はこの１２５％ルールがなかったり、金融機関によって金利や返済額見直しの頻度が異なったりすることもあるため、ご自身が契約しようとしている商品がどうなのか、諸条件はしっかりチェックしましょう。

こうした変動金利の特徴を理解して、半年に１度の適用金利をチェックして、もしも金利が上がっていたら、5年に1度の返済額の見直しが行われる前に、手持ち資金で繰り上げ返済を行うことで、月々の家計の圧迫を防げる可能性があります。

このような金利チェックとその状況に合わせた繰り上げ返済を実行できる人は、変動金利を使いこなして、最終的な総支払額を少なく抑えられる可能性はあります。

ただ、マンション購入にお金の見通しが立つことや算段のしやすさを求めている場合は、全期間固定金利を選び、実際に金銭的な余裕ができたという状態が実現してから繰り上げ返済を行うほうが無難であるとはいえます。

金利が低い変動金利だと返済額が少なく見えるため、つい多めに借り入れてしまうかもしれないといった注意点もあります。

手持ち資金の規模や、退職金が数年後に入る見通しがあるから変動で借りてもすぐ返せるなど、資金の状況や自分の金利への関心の高さに応じた選択をすることになります。

住宅ローンの審査に落とされることもある⁉

私が独身時代に初めてマンションを購入したとき、担当営業の方から「**クレジットカードを作りすぎないでくださいね**」とアドバイスを受けました。

クレジットカードにはキャッシングの枠が付帯することが多いですが、利用をしていなくてもキャッシングでお金を借りたとみなして審査が厳しくなったり、住宅ローンで借りられる金額が減ったりするケースがあるとのことでした。のちに私はマンションの営業職として仕事をすることになりますが、確かに、お客様によっては、カードの枚数やカードを作ったタイミングによって、ローンが借りられなくなるケースなどがありました。

自分の年収に対して余裕を持った住宅ローンしか借りない場合、影響が少ない可能性もありますが、**特に使っていないカードであれば、住宅ローンを組む前に整理しておくのがおすすめ**です。家計管理の観点でも、知らぬ間に不正利用されることや、自分の支出が把握しにくくなることを避ける意味でも、メイン使いするカードはできるだけ1枚に絞るのがいいでしょう。

その1枚が使えない場合や海外旅行に出かける時の保険的な意味合いで、あと2枚程度持つことはありだと思います。机の引き出し等にしまって普段は使わず、使用履歴は家計簿アプリで確認することや、メール通知が来る設定にしておき、異常があったら検知できるようにしておくのがいいですね。

ちなみに、自動車を購入するためのローンはもちろん、スマートフォンを分割払いしているなど、返済が続いているものがある人は、審査時にその内容について問い合わせがあることもあります。「スマートフォンを分割払いしていますか？」と聞かれるのではなく、「返済が続いているお借り入れはありませんか？」といった確認のされ方になることが多いようです。

明確に借り入れという認識がなくても、分割払いなどになっているものがあれば把握しておき、問い合わせに慌てることなく説明できるようにしておきましょう。自分の借り入れや収支状況をしっかり把握しているかという点を、審査に加味する場合もあります。

住宅ローンでは何を「審査」されるのか

カードや借り入れに限らず、住宅ローンにはいろいろな審査基準があります。金融機関によって重視する項目が違ったりもするため、1つの金融機関で融資が受けられなくても、他の金融機関ならば貸してもらえるといったこともあります。

国土交通省の「令和4年度　民間住宅ローンの実態に関する調査　結果報告書」によると、**金融機関が「融資を行う際に考慮する項目」として、完済時年齢や健康状態、借入時年齢、担保評価、勤続年数などが上位に並びます。**

一般的な住宅ローンでは、完済時の年齢を80歳未満としている金融機関が多いため、例えば50歳から住宅ローンを組もうとした場合、返済期間は35年ではなく、30年までしか設定できない、といったことが起こります。返済期間が短くなると、月々や年間の返済額が多くなるため、返済負担率（71ページ参照）の観点で、望み通りの物件・予算が選択できない可能性も出てきます。

健康状態も、マンション購入への影響を意識することが少ない項目かもしれません。

前章でも触れたように、住宅ローンを組む際は団体信用生命保険（団信）に加入しますが、実は**健康状態が芳しくない場合、加入できない場合があります。**団信に加入できないと、お金を借りた人に万が一のことがあった場合の返済目処が立ちづらくなるため、金融機関は通常、住宅ローンを貸してくれません。

既往歴があっても受け入れてくれる団信はありますし、少しでも具合が悪ければ即座に借りられないということではありませんが、健康状態がよくないと、選択肢が狭まるなど不利になるケースがあることは把握しておいたほうがいいでしょう。

なお、健康状態に不安があるからと嘘の告知を行うと告知義務違反となり、保険に頼りたい事象が発生した時に保険金が支払われないこともあり、これだと本末転倒です。団信の申し込みをする際は正しい告知を行い、判断に迷う事項があれば担当者に相談しながら正直に記載しましょう。

フラット35は団信の加入が任意となっているため、住宅ローンとは別で緩和型の保険（病気があっても入りやすいタイプの商品）などに加入して、フラット35で融資を受けるといった選択肢もあります。

以前は、レーシック手術などでも住宅ローンが借りにくくなるケースがありましたが、今は審査に少し時間がかかる程度で、大きく影響を与えるケースは少ないようです。新しい治療や手術を検討される場合も、状況が許すのであれば、タイミングを検討したり、審査に影響がないか、保険会社に問い合わせたりしたほうがいいかもしれません。

いつかはマンションを買いたいと考えているのであれば、健康診断の結果などをチェックしつつ、健康なうちに判断したほうがいいことがないかも考慮しておきたい事項といえそうです。

転職するとローンが組めなくなる？

転職する人や、定年退職する人によく出てくるアドバイスとして、クレジットカードを作っておくことや、住宅ローンを組んでおく、借り換えを検討している場合は借り換えておく、といったことが挙げられます。これは信用力の問題で、先の「融資を行う際に考慮する項目」のうち、勤続年数などと方向性が近い部分があります。

一般的には、勤続年数は3年以上ないと住宅ローンが組みにくいとされることが多い印象です。転職が多い場合も不利に働くケースがありますが、同業種の中で転職をしている場合や、年収が順調に上がっている場合などでは、あまり影響がないこともあります。

金融機関によって、勤続年数を重視する、本人の年収を重視する、勤務先の企業規模を重視するなど、比重が異なります。複数の金融機関を検討し、より現在の自分によい条件を提案してくれる金融機関を選ぶようにするといいでしょう。

金融機関の選択肢としては、マンションを販売する不動産会社が提案してくれる金融機関でももちろん構いませんし、勤務先の住宅融資の制度を活用することや、勤務先と提携のある金融機関で優遇が受けられるケースもあります。いくつか検討してみてもいいですね。

不動産会社が紹介してくれる金融機関を警戒するお声も耳にしますが、私はそこはあまり心配する必要はないのではないかと考えています。不動産会社は物件が売れることの優先度が高いので、購入者が魅力的に感じる融資条件を出してくれる金融機関を探したいという点では利害が一致するためです。

複数の金融機関と提携している不動産会社が、金融機関に対して「今月はこの金融機関で融資を受けられた件数が少ない」と気にするシーンは確かにありますが、それでも物件購入者が物件を成約することのほうが優先順位は高いため、成約の確度を落としてまで悪い融資条件の金融機関を紹介することは、可能性が低いと考えられます。

働けなくなった場合にも備えておけば安心

死亡時や高度障害時には、団信が利用できるものの、そこまでではなくとも働くことが難しくなるケースもあるかもしれません。「ひとりマンション」を購入する場合には、こうしたシーンへの心配も大きいかもしれませんね。団信の中にも、３大疾病（がん・心疾患・脳血管疾患）が重症化した場合にローンが減額されたり完済されるタイプのものもあるため、そうした保険がついた商品を選ぶことや、特約として上乗せさせることも選択肢の１つです。

住宅ローンを借りようとした金融機関の団信にそうした選択肢がない場合や、上乗せさせるコストが高い場合は、民間保険での備えを考えてもいいでしょう。

働けなくなった時の備えとして代表的な保険商品は、損害保険会社が提供する「所得補償保険」と、生命保険会社が提供する「就業不能保険」が挙げられます。

所得補償保険も就業不能保険も、ケガや病気で働けない状態になった時に毎月10万円など、契約時に決めた一定額の保険金を自分が受け取ることができる商品です（ちなみに、名前がよく似ていますが、生命保険会社が提供する「収入保障保険」は、自分が亡くなった時に家族に毎月などの形で保険金が下りる、死亡時の保険・家族への保険のため、今回のお悩みを解決するものではありません）。

所得補償保険は、免責期間（保険が支払われない期間）が7日程度と短く、保険金を受け取ることができる期間も1～2年など短いことがほとんどです（免責期間や受取期間が長い商品もあります）。

会社員はケガや病気で連続して4日以上仕事ができなかった場合、健康保険から給料の約2／3に相当する「傷病手当金」の給付を受けることができます。フリーランスなどの国民健康保険加入者は、通常、この傷病手当金の制度がないため、所得補償保険などで収入減少のカバーをすることなどを検討するケースが多くあります。

就業不能保険は、免責期間が60日や180日と長く、保険金を受け取ることができる期間も60歳までなど長めになっているという特徴があります。

会社員の人は傷病手当金が支給されますが、傷病手当金の支給は通算で1年6カ月です。それよりも働けない期間が続きそうなケースに備えようとする商品といえます。

なお、公的保障としては、傷病手当金の支給の期日を迎える頃まで症状が続いている場合には、「障害年金」の受給が検討できる可能性があります。障害年金は、障害の原因となったケガや病気の初診日から1年6カ月以降に状態が続いている場合に受給できます。

ここで、働けないという事象が発生したときに検討しうる制度や給付を、ざっくりとした時系列や重症度で並べると、傷病手当金（会社員）、所得補償保険、障害年金、就業不能保険、団信の順に、利用する候補に挙がってきます。

いずれの時期においても、公的保障と手持ちの預貯金などで生活をつないでいけそうか、という観点でチェックするといいでしょう。公的保障と預貯金でつないでいけそうな部分に新たな保険を検討する必要性は低いですが、難しそうな部分については、保険の加入が頼りになります。

自分が大黒柱としてローンの返済も生活費も切り盛りしていくシングルのマンション購入の場合、生活費は発生するけれども収入が減っているという状況に対しては、何らかの方法で備えておきたいところです。

何らかの方法で少しでも収入を得ようとすること、働き続けることと併せて、社会保障でケアされる事象を把握し、預貯金などの資産を補填しても足りない部分は、保険も選択肢になります。

なお、保険金が支給される「働けない状態」は、保険会社や商品によって、細かな条件が異なります。医師の診断で入院が必要とされている場合や、障害等級1級や2級に認定されている場合、精神疾患は除く、などが代表的な条件の違いです。加入を検討している商品が期待している事象で給付が受けられるのか、団信の保障内容と重複がないかなどは、しっかり確認をして検討するようにしましょう。

火災保険は「火事以外」の補償もしてくれる

マンションを購入してから、自然災害などの被害に遭ったらどうなるのでしょうか。

基本的には物件が壊れてしまっても、ローンの返済義務は残ります。物件が住めなくなっているのに返済を続け、他で確保する住まいの家賃も払うことになっては大変なので、火災保険や地震保険といった損害保険で有事の備えをしておく必要があります。

火災保険は選択するプランに応じて、**火事はもちろん、台風や竜巻などを対象とする**

「風災」、河川の氾濫などによる床上浸水などを対象とする「水災」などもカバーしてくれます。補償の対象は、「建物」と「家財」に分かれています。建物はマンションの場合だと壁紙やフローリングなど、部屋自身を構成する要素を対象とした契約、家財はテレビや家具・家電など家財道具を対象とした契約です。

最近の火災保険は、再調達価格型（新価型）という、全壊してしまった場合は、再度同じ建物を作ることができる金額の保険金が下りる方式になっていることがほとんどです。全壊ならば作り直す分の費用ですが、被害が半分であれば保険金も半分といった具合になります。つまり、適正な金額をかけておけば、概ね被害に対応できる保険金が期待できるのが再調達型の火災保険です。

「適正な金額＝自分が物件を購入した価格」ではありません。マンションの価格には土地の値段や共用部分の値段も含まれます。純粋に自分の部屋の区分だけゼロから作り直すことを想定した金額を設定します。

なお、**火災保険では、被害以上に保険金が下りることはありません**。作り替えるのに600万円が必要な物件が全壊した場合に、1000万円の保険金額を設定していたとしても、多く保険金が下りて得をするということはありません。適正な金額を保険会社や保険代理店（不動産の販売会社が代理店になることもあります）に相談しながら設定しましょう。

家財についても同様で、自分の保有する家財道具を振り返り、保険金額が適正なのかをチェックしましょう。保有している家財以上の保険金額にすると支払う保険料が無駄になりますし、不足しているようだと有事の際に家財道具を再度取りそろえることが大変になります。

再調達型（新価型）に対して、時価型の保険も存在します。こちらは、その時の時価を保険金の満額として計算する方式です。

例えば、購入当初600万円の価値があった区分（部屋）でも、時間の経過に基づく価値の低下を見積もります。災害が起こった時の価値が400万円ということになると、全壊したとしても400万円の保険金が最大の金額ということになります。

時間が経過して、その部屋自身の価値は低下していたとしても、再度作り直す場合は、通常、それ以上の金額がかかります。そのため、時価型の火災保険の場合、保険金だけでは建物や家財を再度調達することは難しくなります。古い火災保険では時価型も存在したため、昔加入したままになっている人は、有事が起こる前にチェックをしたほうがいいでしょう。

これから火災保険に加入する場合、時価型になることはほとんどないかと思いますが、例えば同じ損害保険の分野である持ち物に対する保険などには、今も時価型の保険が存在します。

一般的に時価型のほうが保険料は安くなりますし、シーンによっては時価型で充分だと考えられるケースもあるかもしれません。少なくとも、後から「こんな風に計算されるとは知らなかった！」とならないためにも、契約の時点で計算方法や、どういうシーンで支払われるのかなど、よく確認するようにしましょう。

地震が原因の火事は、地震保険でないとカバーできない

火災保険の特約として追加できる地震保険は、保険金額を火災保険の30～50％の間でしか設定できません。例えば火災保険として６００万円を設定すると、地震保険では１８０

～300万円までしか保険金額を設定することはできません。その上、火災保険に比べて保険料が高くなるため、加入をためらうことも多いかもしれません。

地震保険の加入について検討する際に見落としたくないのが、**地震によって発生した「火災」、地震からくる津波の被害を受けた「水災」などは、火災保険の対象にはならない**という点です。原因が地震の場合には、地震保険で補償することになります。

地震による津波があり得ない、オール電化住宅のため地震で火災が発生するリスクが低い、地震による土砂崩れが発生しそうな場所でもない、など、地震を要因とした被害が地理的、物件的にあり得ないという特徴がそろっていない限りは、加入しておくのが安心です。

あるいは、地震保険で補償される金額分の預貯金がすでにあり、有事の際にその資金を使うことが苦にならないケースなども、加入を見合わせられる可能性はあります。

火災保険は保険会社によってプランや保険料などが異なりますが、**地震保険は、国と保険会社が共同で運営をしていて、同じ金額をかける場合、保険会社による保険料の違いはありません。**地震発生の予測ができないことや、ひとたび起きたときの影響の大きさから、国と共同で提供されています。保険金額を半額までしか設定できないことをはじめ、保険料単体を見ると少し割高に感じることもあるかもしれませんが、それくらい大きなリスクに対応するための商品であることは、踏まえておいたほうがよさそうです。

火災保険や地震保険の保険料は、毎月、毎年、一括などの支払い方法が選択できます。最長だと5年分までは一括で支払うことができます。まとめて支払うことで保険料は割引されるため、手元資金に余裕があれば、一括での支払いも検討するといいでしょう。

なお、マンション購入において、火災保険や地震保険は自分の部屋（区分）を対象として検討します。廊下やエレベーター、建物全体の共用部分については、マンションの管理組合として加入することになります。購入を検討している物件の管理組合としての保険契約も確認しておきましょう。

マンション購入者は、自分の建物の管理組合に所属することになります。輪番で役員が回ってくることが通常ですし、役員ではなかったとしても建物全体の金銭管理がどのようになっているかは組合員として把握しておく必要があります。

いざという時のために知っておきたい、大規模災害の支援制度

近年、大規模な災害が全国各地で起こっていて、どこに住んでいても自然災害は他人事ではないという状況にあります。火災保険、地震保険をはじめとした自分での備えに加えて、災害時の公的支援や各業界での支援の取り組みなどを知っておくと、いざという時の助けになるかもしれません。

国の制度としては「被災者生活再建支援制度」があります。周辺で大規模な自然災害が起き、制度の対象となった場合に適用されます。

住まいについては、住宅の被災の程度に応じた「基礎支援金」と、その後の住まいの調達方法に応じた「加算支援金」を合計した金額が支給されます。

ひとり暮らしの場合の基礎支援金は全壊、解体、長期避難に該当した場合は75万円、大規模半壊に該当した場合には37・5万円が支給されます。

加算支援金については、新たな物件を購入する場合などで150万円、補修する

■ 被災者生活再建支援制度（単身世帯の場合）

区分	基礎支援金	加算支援金		計
	住宅の被害程度	住宅の再建方法		
	①	②		①+②
全壊世帯 解体世帯 長期避難世帯	75万円	建築・購入	150万円	225万円
		補修	75万円	150万円
		賃貸	37.5万円	112.5万円
大規模半壊世帯	37.5万円	建築・購入	150万円	187.5万円
		補修	75万円	112.5万円
		賃貸	37.5万円	75万円
中規模半壊世帯	—	建築・購入	75万円	75万円
		補修	37.5万円	37.5万円
		賃貸	18.75万円	18.75万円

■ 被災ローン減免制度（※）の利用状況

※正式名称「自然災害による被災者の債務整理に関するガイドライン」

2023年12月末時点

内容	自然災害案件	コロナ案件	合計
登録支援専門家に手続支援を委嘱した件数	1,220件	2,440件	3,660件
うち、手続中の件数	30件	392件	422件
うち、特定調停の申立に至っている件数	6件	24件	30件
債務整理成立件数	591件	410件	1,001件

「一般社団法人　東日本大震災・自然災害被災者債務整理ガイドライン運営機関」ホームページより

場合で75万円、賃貸を借りる場合で37・5万円が支給されます。加算支援金については、中規模半壊でも支給があり、それぞれ半額程度が支給されます。

また業界団体の取り組みとして、被災ローン減免制度（自然災害による被災者の債務整理に関するガイドライン）というものがあります。

通常は建物が壊れてもローンの返済義務が残りますが、災害救助法が適用されるなど大規模な自然災害が起こった場合、地域の弁護士などを通じて、ローンを借りている金融機関に対してローンの減額や免除を働きかけるものです。この制度を利用して債務整理をした場合、信用情報には掲載されないため、新たな住まいを確保するための融資が受けづらくなるといったことも起こりません。

必ずしも精算できるとは限りませんが、返済困難な場合、働きかけてみる価値はあるでしょう。

■第4章■

自分だけの〝お宝物件〟と出会う方法

プロだけが知っている、物件選びのポイント

事前に確認しておきたい「ハザードマップ」

2024年1月1日に発生した能登半島地震による被害は記憶に新しいところで、大変な思いをされた方も多いことかと思います。心よりお見舞い申し上げます。また同時に被災地ではないものの、胸を痛めた方も多かったことでしょう。

もはや日本全国どこであっても、思いがけない自然災害に遭う可能性はありますが、被害の程度や確率にはグラデーションがあります。

私は、降水量が少ないことから「晴れの国おかやま」とも呼ばれる岡山県出身ですが、その岡山が2018年の西日本豪雨で大規模な被害を受けて、とても驚きました。ただ、やはりその被害の程度にも差があり、地元の家族や友人に話を聞いていると、「道を挟んでこちらは浸水してしまったのだけど、向こう側は何事もなかったかのような景色が広がっていた」といった体験談を多く耳にしました。

後から改めてハザードマップを確認すると、なるほど確かに洪水・浸水の深さが深いと予測されていたエリアは実際に被害が大きかったということも印象に残っています。

ハザードマップは主に自治体が洪水、津波、土砂災害、地震の危険度など、災害の種類ごとにその影響度を地図に色づけしてくれているものです。「自治体名　ハザードマップ」などで検索すると見つけられることも多いですし、国土交通省の「ハザードマップポータルサイト」（https://disaportal.gsi.go.jp/）からも目的のエリアや種別のマップを確認しに行くことができます。マンションを買う際は必ず事前に確認したい情報です。

少しでも色がついていたら買ってはいけない、ということにはなりませんが、**予測されている被害の度合いなどはあらかじめ把握しておきたいところです。**火災保険に水災特約をつけるべきかどうかという判断が変わる可能性がありますし、購入する階層が変わるケースもあるでしょう。

また、近いエリアで条件が似た物件があるときに、どちらを選択するかという判断に影響を与えることもあるでしょう。多少購入金額が上がっても、被害予測が低い物件を選ぶという判断もありそうです。

災害の種別と建物の種類の掛け合わせで、マップの色ほどには脅威にならないケースもあります。

例えば、地震の危険度のうち、火災の色が濃い場合、木造の物件であればそのリスクは脅威ですが、鉄筋コンクリート（RC造）や鉄筋鉄骨コンクリート（SRC造）の物件においては、延焼のリスクは下がります。

一方で、道が狭く消防車の到着が遅れる可能性があるなどの要因で色が濃くなっている場合には、延焼の可能性は低くとも、火元が自分の部屋であれば、消火まで時間がかかってしまう恐れなどは考えられます。

マップの色の濃淡と、その種別や理由などの解説をよく読んで、影響を受けそうなシーンや要因を把握しておきたいところです。ハザードマップには避難場所が表記されていることも多いため、いざという時に頼れる場所はチェックしておきましょう。

自宅としてのマンション購入を考える場合、鉄筋コンクリート造や、鉄筋鉄骨コンクリート造の物件を検討されるケースがほとんどかと思います。そうなると、避難場所に逃げるよりも、我が家をシェルターのように見立てた防災対策が有効になるケースもあります。1週間程度、自宅にこもって避難できる水、食料、簡易トイレ、ポータブル電源などの準備も検討しましょう。備蓄品の目安を調べることができる「東京備蓄ナビ」(https://www.bichiku.metro.tokyo.lg.jp/）というサイトもあります。マンション購入には、防災力強化という役割もあるかもしれませんね。

建物の「耐震基準」は要チェック

耐震基準については、1981年と2000年に大きな見直しがされています。マンションについては、1981年6月以降か以前かが、特に注目ポイントになります（2000年の改正は主に木造を対象とする内容）。

1981年5月31日までに建築確認を終えた物件は「旧耐震基準」、1981年6月1日以降に建築確認を終えた物件は「新耐震基準」で設計されています。

旧耐震基準では震度5で倒壊などが起こらないこととされていて、大規模な地震の考慮がされていませんでした。新耐震基準では大規模地震に当たる震度6強でも倒壊などが起こらない設計となっていて、建物として有事の際の被害が少ないことが期待されます。物件選びの際には、少なくとも新耐震基準の物件を選びたいところです。

近年の住宅ローン減税やリフォームに対する補助は、耐震基準の強化や省エネ水準が高いことを条件にするなど、より品質の高い物件を増やしていきたいという国の方針がうかがえます。

減税や補助は使えない、使わないとしても、長く暮らしていくことや将来売却することなどを考えるならば、耐震や環境性能がやや高いものを選ぶほうが心強いでしょう。

新築と中古では、購入の流れや費用が変わる

マンション購入時の諸費用について、中古物件のほうが3％程度かさむことが多いとお話ししました（86ページ）。厳密にいうと、不動産業者が買い取って販売している物件ではなく、持ち主がまだ個人などで、不動産業者が仲介業者として入っている物件の初期費用が少しかさむということになります。

物件のチラシや検索サイトなどで、**仲介、媒介などと表記されているのが仲介物件、売主などと表記されている物件は不動産会社が買い取って販売している物件（売主物件）**になります。

買い取られてから売却されている売主物件は、買い取り価格に利益を加算して販売することになります。そのため、初期費用はかさみがちですが、物件そのものの金額が安く抑

■ 仲介物件か売主物件か

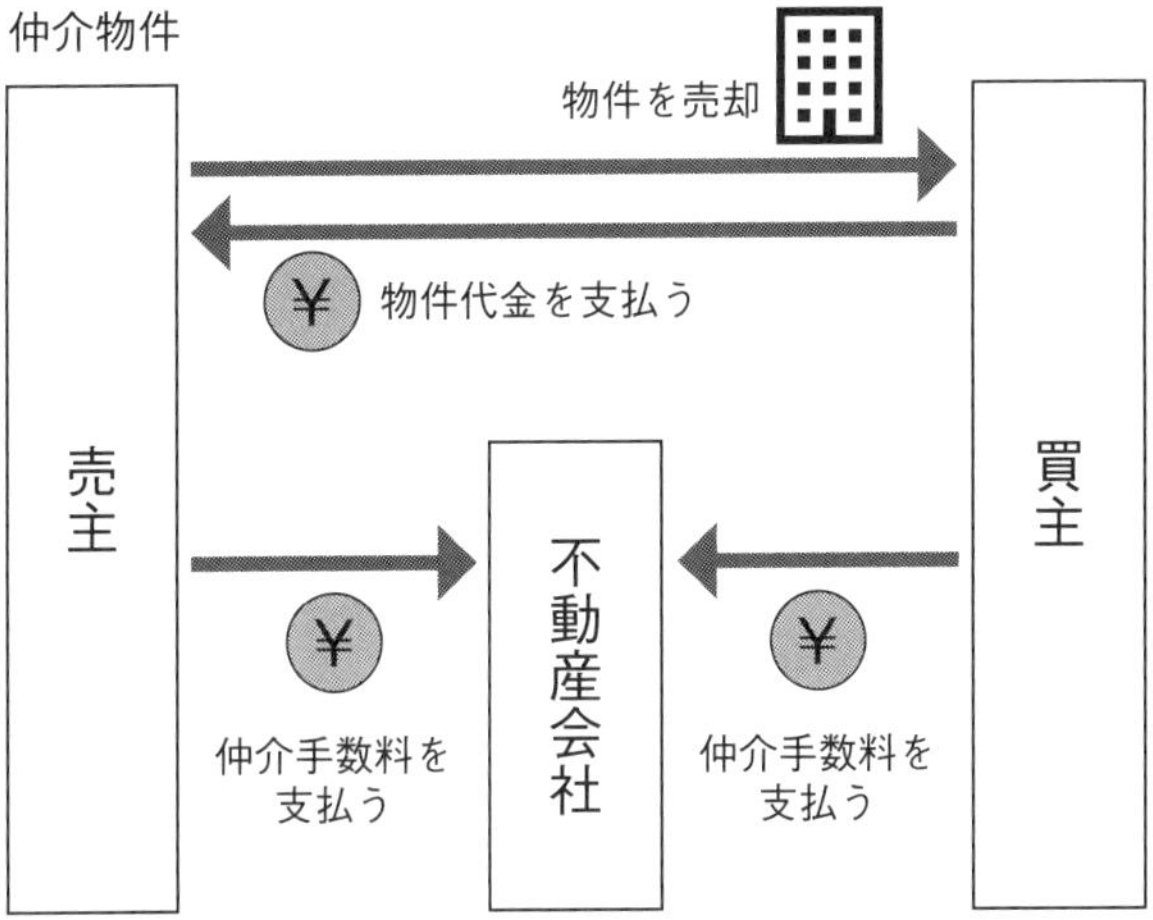
仲介物件
物件を売却
物件代金を支払う
売主
不動産会社
買主
仲介手数料を支払う
仲介手数料を支払う

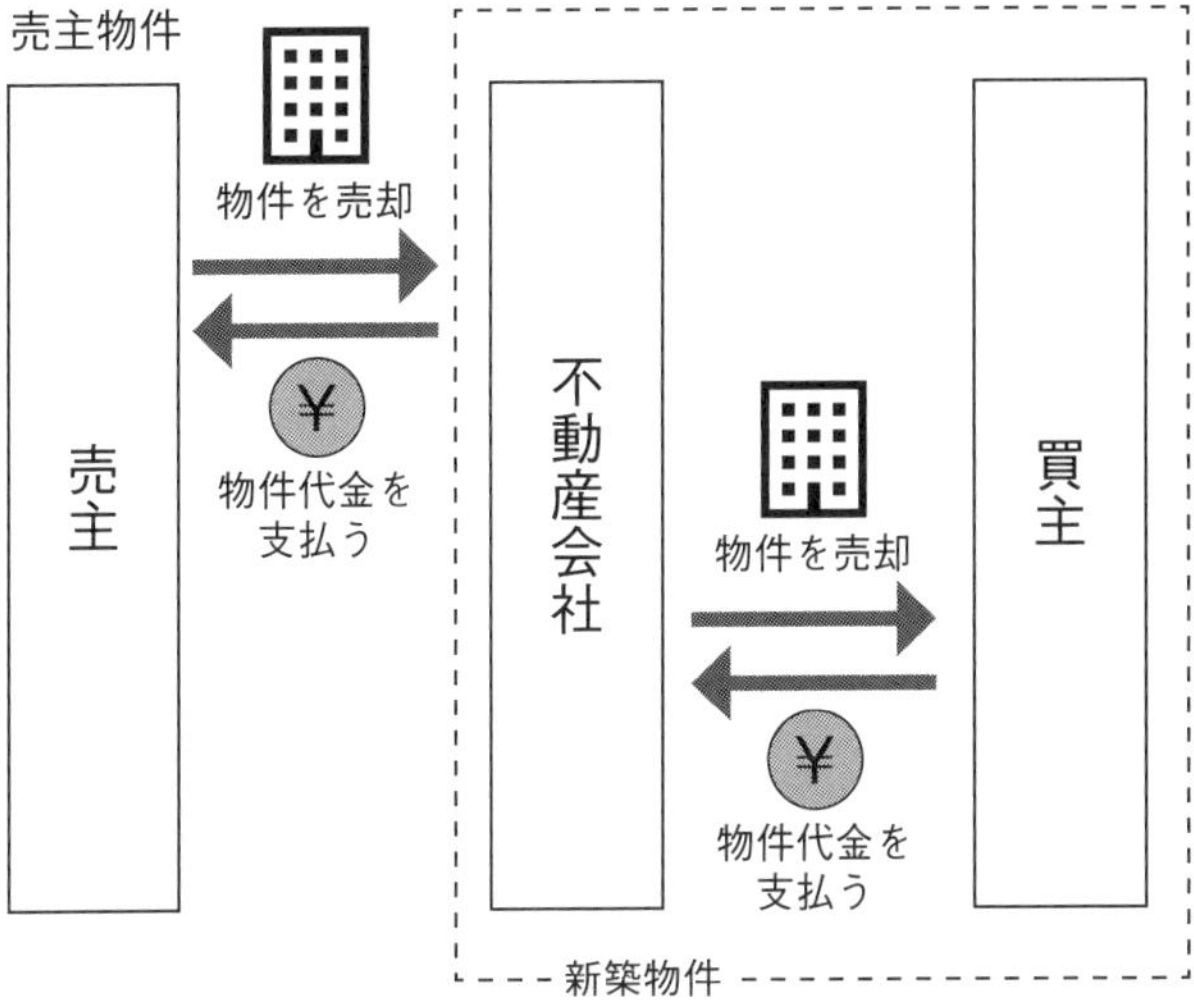
売主物件
物件を売却
物件代金を支払う
売主
不動産会社
買主
物件を売却
物件代金を支払う
新築物件

	中古（売主物件）	中古（仲介物件）
	不動産会社が買い取って再販している物件など	持ち主が個人の中古物件を仲介業者が入って販売している物件など
	低い傾向	高い傾向（仲介手数料の分、物件価格の3%程度かさむ傾向）
	やや低い傾向	低い傾向
	2年以上	2～3カ月程度が多い（売主が個人の場合）
	任意	任意
	ローン実行時（一部申込時）	ローン実行時（一部申込時）

えられる傾向にあるのが中古の仲介物件、物件価格は高くなりがちですが、初期費用は抑えられる傾向にあるのが新築や中古の売主物件ということになります。

初期費用をある程度負担でき、トータルのコストを抑えたいということを考えると、中古の仲介物件がよさそうに見えますね。

物件に瑕疵《かし》（構造部分の欠陥など）があった場合の補償などの観点では、また違った視点が生まれます。

瑕疵に対する責任（契約不適合責任・以前は瑕疵担保責任と呼ばれていた責任）を負わなければいけない期間は、仲介物件（売主が個人）の場合は、2～3カ月程度とされるこ

■ 新築、中古のコストや補償の違い

	新築
概要	まだ誰も入居したことがなく、完成から1年未満の物件など
初期費用	低い傾向
物件価格	高い傾向
瑕疵に対する対応（契約不適合責任）	10年以上
瑕疵保険（または保証金の供託）	必須
金利が確定するタイミング	ローン実行時（一部申込時）※未完成物件などの場合、実行が1年以上先になることも

とが多いです。売主が不動産会社である中古の物件の場合は2年以上、新築物件の場合は10年以上とされているため、建物の構造的な品質について、手厚い対応を求める場合には、新築や売主物件が無難ということになります。

こうした瑕疵に対応するために、瑕疵保険というものが存在します。新築では加入が必須（あるいは保証金の供託が必須）となっている瑕疵保険ですが、中古物件の場合は任意です。中古物件の購入を検討する場合には瑕疵保険に加入している物件なのか、あるいは加入を検討してもらえるのかなども、確認するといいでしょう。

■ マンション購入の流れ

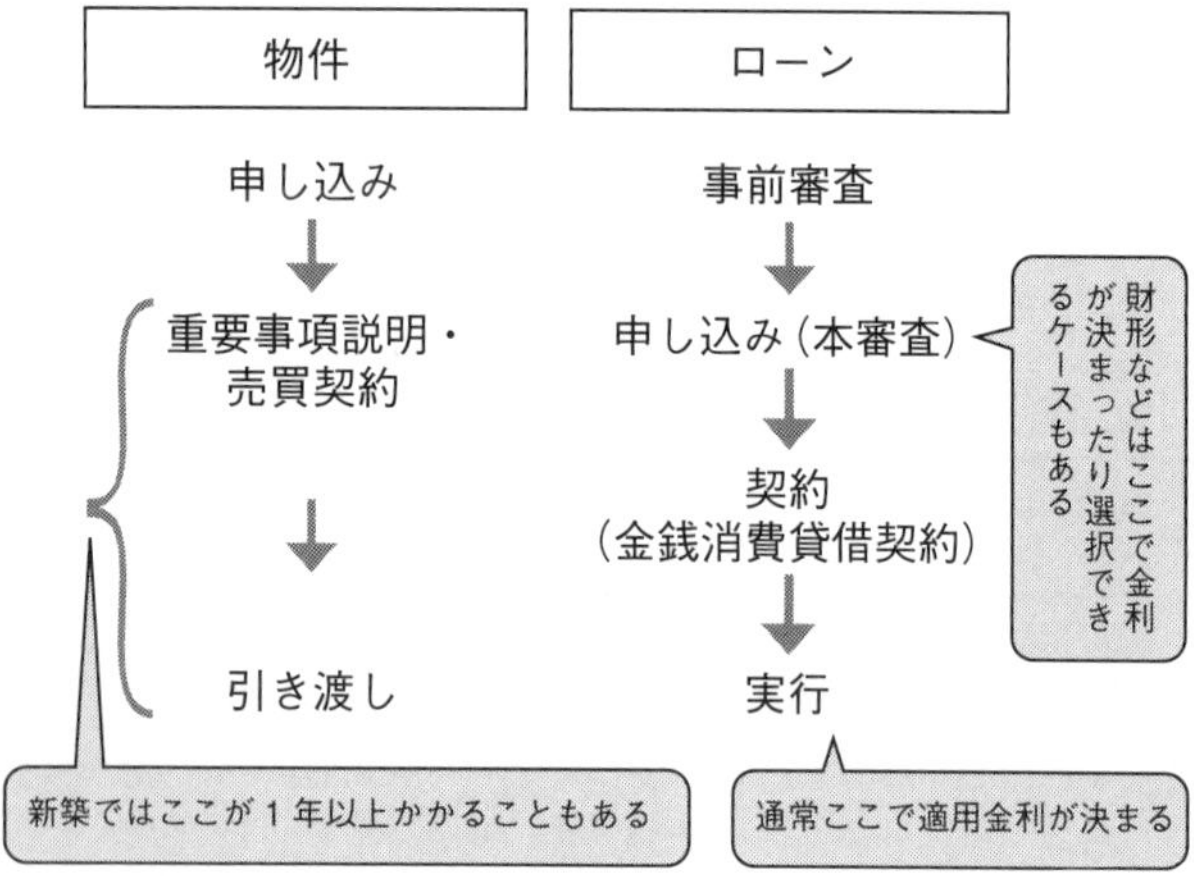

住宅ローンの金利が適用されるタイミングにも違いがあります。というより、実際はローンの実行（一部、ローンの申し込み時）のタイミングで金利が確定しますが、新築物件の場合、体感と違うことがあります。

マンションを購入するときの流れは、物件申し込み・ローンの事前審査→物件の重要事項説明・売買契約→ローンの申し込み（本審査）→ローンの契約（金銭消費貸借契約）→ローンの実行・物件の引き渡しと進みます。

すでに建っている新築物件や、中古物件の場合、一連の流れが1～2カ月程度で完了することが多いため、適用される金利についても「今月より先月のほうがよかった」くらいの違い（それでも高くなると悔しく感じますが）といえます。

物件が存在しないとローンの実行ができないため、新築でこれから建つ物件の場合、各種手続きを完了してからローンが実行される、つまり金利が確定されるまでに1年以上期間が空くこともあります。これから建つ新築物件を検討する場合は、実際に適用される金利が今現在の相場とは少し違ってくる可能性があることも把握しておきたいですね。

なお、**住宅財形などを利用する場合は、ローンの申込時の金利が適用されるケースもあります。**利用しようとしている住宅ローンがどのタイミングでの金利を適用する商品なのか、あらかじめ確認しておくことも判断の助けになります。

新築物件は買った途端に価格が2割程度下落するから中古物件を買うのがよい、とされることがあります。確かにそうだと思えるエリアや事例もありますが、必ずしもそうとも言い切れないなと感じる事例も多くあります。資産性を意識した物件選びをするのであれば、新築と中古と区別なく探して、新築でも中古でもあまり価格差がないと感じるエリアで希望や予算に合う物件を選ぶのがいいかもしれません。

これについては、次項でもう少し考えてみましょう。

「不動産は1点物」といわれる理由

「不動産は1点物」と表現されることがあります。ほとんど同じ広さ、同じ間取り、設備も似ているマンションであっても、階層が違う、方角が違う、角部屋か、内側か、エレベーターからの距離がどのくらいか、などでまったく同じ物件というのは存在しないためです。

まったく同じ部屋ですら、売るタイミングによって価格は異なります。その時期の金利や景気などの動向はもちろん、同じタイミングで売却募集がかけられている周辺の類似物件の売却募集金額に影響されることもあります。

中古物件の場合、売主の都合によって売却価格が異なることもあります。相場が上昇してきていて、高く売れるのだったら売ってもいいというスタンスの売主と、相続した物件で税金を払う関係でスムーズに現金化したい、転勤が迫っているから早く売りたいといった背景を持つ売主だと、交渉のしやすさも変わります。

相場が上昇中のエリアの場合、新築を安いタイミングで買えた人が売主だと多少価格交渉がしやすく、物件価格が上昇してから中古で購入した売主だと価格交渉がまったくできない、といったこともあります。

このように、意外と中古になったからといって値段が安くなるとは限らないのが、マンション購入の難しく、面白いところでもあります。とはいえ、中古でも新築と価格差が出ないようなエリアは概ね好立地という傾向があるため、自分の物件を探す際の目安にしたいところです。

また、中古物件を購入する際には、売却することになった理由や背景などもヒアリングできるといいでしょう。もちろん「高く売れる時期だと思ったから売却に出しています」と答える売主はあまりいないと思うので、すべての説明をそのままに受け止められるとは限りませんが、回答の内容を受けて、売主側のスタンスが垣間見られることもあるでしょう。

一般的なエリアの場合、新築時に比べ、築15年前後にかけてなだらかに物件価格が下落することが多く、築15～25年前後の物件価格はあまり変わらないケースが多いです。一方で、築35年を超えるともう一段階価格が下がることがあります。

これは、新築時に住宅ローンを組んだ場合に完済する時期に当たるため、売主に負債がなく値付けにおおらかになりやすいことや、次に買う人が組めるローン金額が少なくなることも増えてくる時期に当たるためです。ただ、先の例のようにむしろ値段が上がっていくエリアもありますし、その他の要素でも物件価格が変動するため、築年数を基準にした物件選びは難しいことが多そうです。

基本的には自分の望むエリア、仕様、予算など、内的要因（68ページ）を主軸とした物件選びを行い、プラスアルファ、そのエリアの価格の推移や築年数の状況、売主側の理由なども多少加味するというスタンスが現実的でしょう。自分が買いたいと思ったタイミングで市場に出ている物件という意味では、すでに縁が深い物件といえるのかもしれません。

自分だけの〝お宝物件〟と出会える最短ルート

マンションを買おうと思うと、さっそくたくさん内覧に出かけたくなりますが、まずは大まかな予算の程度を把握することを心がけましょう。予算を度外視すると素敵な物件はたくさんあるため、ちょっと無理そうな金額でも頑張りたくなってしまうからです。

ＮＧポイント６（71ページ）を参考にしながら、無理なく家計が回り、返済ができそうな金額を確認します。そして希望のエリアや駅からの距離、広さなどの仕様をそろえてSUUMOやHOME'Sなどの物件情報サイトで検索をします。可能であれば、希望のエリアにしばらく賃貸で暮らすと、周辺の物件の売買情報のチラシが入ってくることもあるため、より情報を得やすくなります。

サイトでの検索やチラシなどを見ながら、「これは高いな」「まぁこんなものかな」といった予算の感覚がつかめてきたら、物件選びの準備が整ったといえるでしょう。駅からの距離、広さ、築年数を見て金額に高い、安い、といった感情が芽生えないうちは、まだ相場をつかめていないと思ったほうがいいでしょう。

高いには高いなりの理由が、安いには安いなりの理由があることが多いです。大雑把な相場がわかってこそ、それぞれの値付けの理由が見えてくるため、ある程度の〝相場感〟を養ってから物件を選び始めるのが得策です。

将来賃貸に出すことも考えるのであれば、家賃の相場と購入する物件価格の利回りもチェックしておくといいでしょう。

例えば、月9万円の家賃で賃貸に出すことができそうな物件を2500万円で購入できるとしたら、表面利回りは4・32％（9万円×12カ月＝年間家賃108万円　108÷2500万円×100＝4・32％）です。東京23区内だと表面利回り5％程度になる物件価格であれば概ね悪くない水準といえますし、地方であれば7％程度で運用できるのであれば、やはり悪くない水準といえそうです。

これらの利回りもあくまでざっくりとした目安で、詳細なエリアや築年数によっても幅があります。候補になる物件の利回りを計算して、こちらも高い、安い、といった感覚がつかめるようになっておくといいでしょう。

賃貸の相場や空室率をチェックする際は、HOME'Sの中でも「見える賃貸経営」のページが興味深いです（https://toushi.homes.co.jp/owner/）。各エリアの空室率や、賃貸検索によってよく閲覧されているエリアなども、地図上の色の濃さでチェックすることができます。

なぜ、複数の不動産会社に同じ物件情報が出るのか

ちなみに、物件情報サイトは便利ですが、地域の不動産会社からも自分に合わせた情報が早く入手できるケースがあります。

個人が物件を売却する場合、一般的には不動産会社に仲介をお願いします。**売主側の仲介業者になった不動産会社は多くのケースでレインズ（REINS）という不動産業者共通のデータベースに物件情報を登録します。**他の不動産会社はレインズを見ながら、自分のお客さんが探していた物件を、買主側の仲介業者として見つけて提案をすることも多くあります。また、売主側の仲介業者も、買主側の仲介業者も、レインズを見てその情報を物件情報サイトに掲載することがあります。同じ物件が複数サイトでヒットすることがあるのはこのためです。

このように、物件情報サイトの前段階のレインズや、場合によってはレインズ登録前の情報などは、やはり不動産会社に早く情報が入ることになります。自分が希望している物件にマッチする情報をいち早く欲しいと思うなら、地元の不動産会社にも希望を伝えて、情報が入るようにしておいたほうがいいでしょう。

不動産会社としては、売主からも買主からも仲介を頼まれていてつなぐことができれば、両者から仲介手数料を受け取れることになります。いわゆる「両手」といわれる取引

が成立するものと仮定

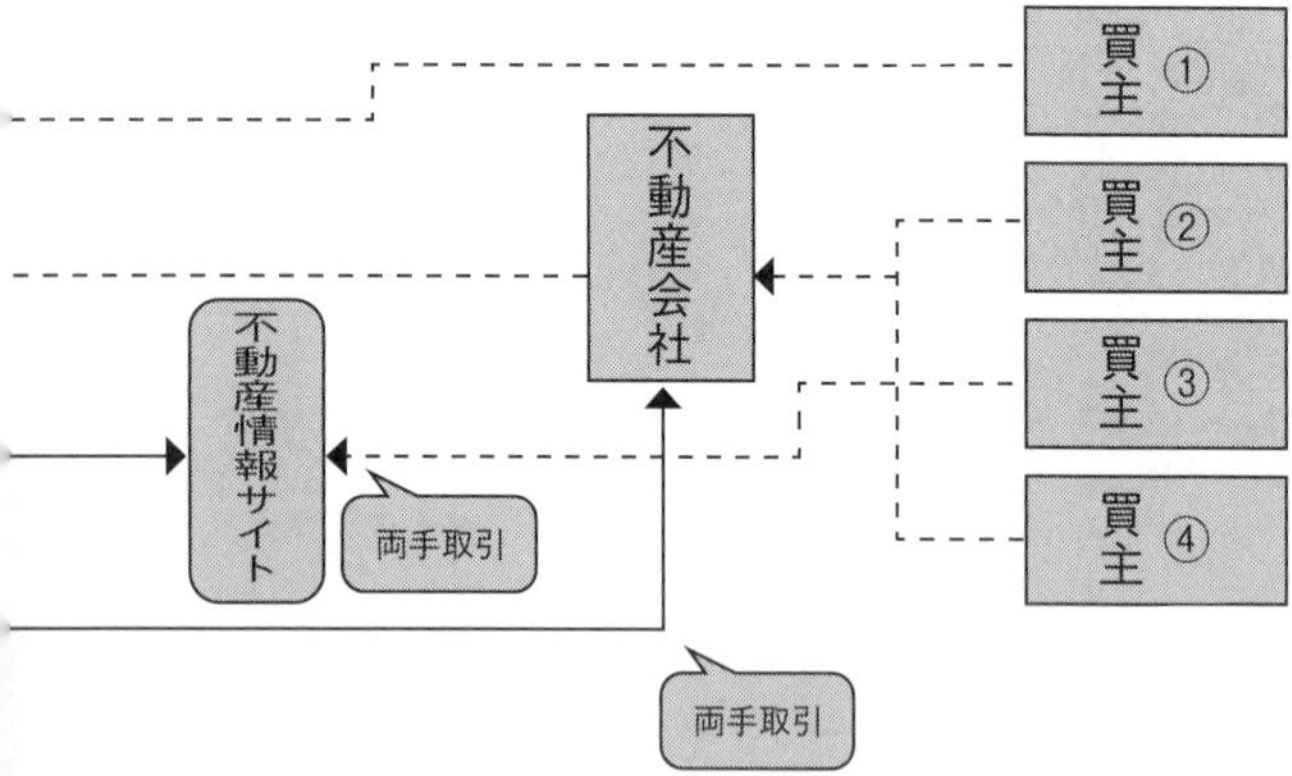

仲介業者の両方になる
仲介業者になる

ですが、これは必ずしも悪いこととは限りません。

もちろん、自分が買主の立場として物件を探している時に、その業者が売主の仲介として入っている物件しか紹介をしてくれず、まったく自分の希望とずれた物件ばかり提案するようであれば、他の不動産会社や他の担当者を探したほうが賢明ですが、担当者が成績を上げられるからこそ、頑張ってくれるという側面もあります。

具体的に買いたい物件の予算や仕様が見えているのであれば、成約の確度が上がるため、買主側の仲介業者として担当するだけでも甲斐がある案件になります。欲しい物件を明確にして、自分は確度が高い顧客だと感じ

■ 不動産情報の流れと役割　※同じ番号の売主と買主の取引

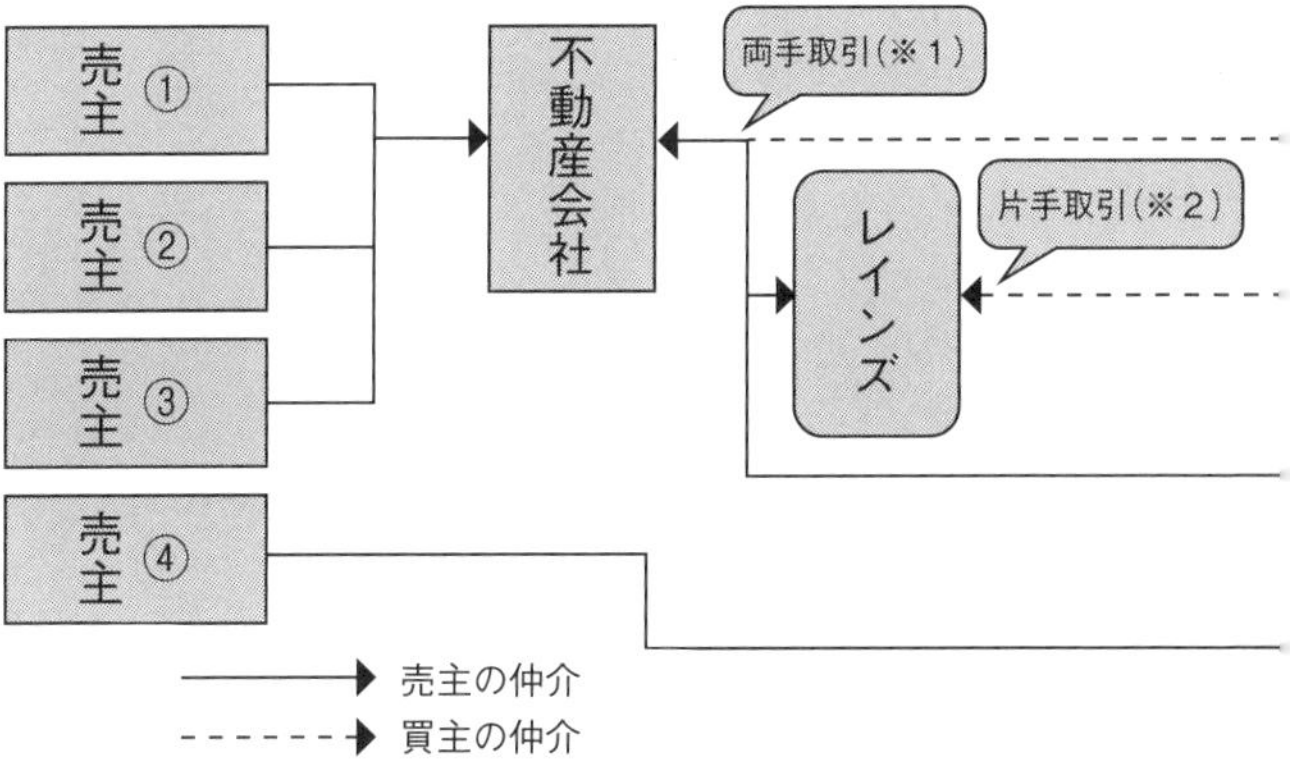

両手取引：1つの不動産会社が、売主側の仲介業者と買主側の
片手取引：1つの不動産会社が、買主側か売主側のどちらかの

てもらえたら、他社が売主の仲介としてレインズに登録した物件を物件情報サイトに載るより早いタイミングで紹介してくれる可能性も生まれます。

買主側か売主側かどちらか一方からしか仲介手数料がもらえない取引を、「両手」に対して「片手」といいますが、「片手」であっても成約できるほうが、担当者にとっても嬉しいことといえます。

また、レインズに登録する前の、自社が売主の仲介として入った物件（この場合は「両手」）も、条件に合う場合は紹介してもらえる可能性があり、こちらはまさに、いち早い情報ということになります。

仲介業者がどうなると嬉しいのかを想像し

ながら、うまく力を発揮してもらえたら、買い手の私たちにもメリットがあるでしょう。

新築物件内覧時には「想像力」が必要

新築物件の内覧に行く際の注意点としては、実際に生活したときのシーンを想像することや、足下や将来で予算が上がっていく可能性があることを気にかける、といったことが挙げられます。

未完成の物件の場合だと、自分のライフスタイルでうまく使っていけるか、想像力を働かせながら見学する必要があります。モデルルームと実際に自分が購入する物件では間取りが違うことも多いため、モデルルームで展示されているスペースのうち、どのくらいが自分の購入する部屋で使えるスペースなのかも気にかけましょう。

事前にパンフレットや間取り図などをもらえるようであれば、特に間取り図などはコピーをしておき、書き込みやメモがとれる態勢を整えて見学に行くのがいいでしょう。メジャーなども持参すると、大きさの感覚がつかみやすくなります。

意外と多いのが、**テレビや収納棚、衣装ケースなど、我が家にとっては必需品だけれど、**

モデルルームには置かれていないものもあるという点です。普段の生活で必需品になっている家具・家財道具などを置いても、同じ広さを感じるのか、手狭に感じるけれども自分の持ち物を減らしたりできるのか、点検していきましょう。モデルルームに置かれている家具などが、少し小さめなこともあります。我が家で使っていて手放す気のない家具があれば、それらのサイズも測っておいたほうがいいでしょう。

モデルルームでは、オプションの工事が施されているケースもあります。キッチンがカウンター式になっているところが、標準仕様だと独立タイプになっていたり、壁紙に光沢があるものが使われているところが、標準仕様だとマット仕上げになっていたり。オプション工事がしてある部分には、その旨の表記が記されていることが多いので、よくチェックをしたり、担当営業の人に確認したりするようにしましょう。

これは、予算の上昇を気にかける話とも関連がありますが、オプション工事などを安く感じる現象がよく起こることも知っておいてください。数千万円の物件を買おうとしている時に、もう数十万円多く支払うだけで理想の仕様が手に入るとなると、割安に感じがちです。もちろん、何度考えても自分が満足できる選択であれば、追加すればいいのですが、普段だったら大きく感じる数十万円が安く感じがちなシーンであることは、頭の片隅に置いておきたいところです。いったん持ち帰って、本当に追加したいオプションなのか、できるだけ冷静に判断することを意識していきたいですね。

将来的な予算上昇については、**修繕積立金の上昇**などが気になるところです。特に新築時には数千円など、月々の金額がかなり安くなっていることも多いため、**必ず「長期修繕計画表」を見せてもらい、将来、どのくらいの値上がりが想定されるのかを把握しましょう。**最終的にこの値上がりに了承したり決断したりするのは、物件を購入した私たちの判断です。他の部屋を買ったオーナーと一緒に決断していくことになる費用ですが、少なくとも長期修繕計画表程度の費用上昇はあると考えて、購入計画・返済計画に織り込んでいく必要があります。

修繕積立金の問題は重要で、詳しくは次項でも情報を整理します。新築物件では、修繕実績を見ることができません。そのため、内覧時などに販売会社から建物管理に関する案内やアシストがあるのか、他の部屋の購入者もこれから同じように管理について関心を持つ人が多いだろうか、といった推定をする目線も意識をするといいでしょう。

　また可能であれば、マンションを買った経験がある家族や友人に内覧についてきてもらうことも有効です。経験者として自分とは違った視点でチェックしてくれることもあります。

中古物件内覧時は「管理」をチェック

　新築物件と違い、**中古物件の場合はいろいろな実績があるという点が魅力的**です。目に見えるところとしては、掲示板の内容に騒音トラブルなど、不安に感じる案内がないか、郵便受け近くのチラシ専用ゴミ箱に他のものが捨てられていたり、あふれかえっていたりしていないか、といったところは確認しやすいポイントといえるでしょう。

　「マンションは管理を買え」とよくいわれます。マンションの寿命は60年程度とされることもありますが、管理がきちんとなされているマンションについては１００年以上住むことができるともいわれます。やはり管理、そしてすでに住んでいる人たちの考えを探ることも重要です。管理やコミュニティを買うような心づもりも大切かもしれません。

修繕積立金が不足しているマンションの問題が取り上げられる機会も多くなりました。近年のマンションは修繕積立金が徐々に上がっていく段階増額積立で徴収されることが主流ですが、引き上げに反対する声が多く充分に引き上げができていないケースや、物価上昇の関係で積立金が足りなくなるケースもあります。

中古のマンションであれば、これまでに修繕積立金は計画通りに引き上げができているのか、過去の修繕工事の履歴や今後の予定、管理組合の総会への出席率や意見交換の活発さなどもヒアリングできると心強いでしょう。

同じマンションを購入した各部屋の人たちは、本来であれば全員、管理組合の一員として自分たちでマンションを維持していく意識を持つことが理想的です。しかし、人によって物件に求めるものが違うため、必ずしもみんなが熱心に関心を寄せられるとは限りません。また、熱心であったとしても年齢が違うと「あと何年ここに住めるだろう?」と想定する年数も違いますし、人に貸す物件として買った人は熟考した結果、最低限の修繕で充分だと考えることもあるでしょう。

そのため、過去の実績できちんと資金が積み上がっているか、工事が予定通り行われているか、その時の費用は借り入れなどを必要とせずに捻出できたか、今後予定している工事の費用も問題がなさそうか、といったことを目安にすると購入の際の判断材料になります。

参考までに、その物件に現に住んでいる人の割合もヒアリングできるといいかもしれません。一般的には、持ち主が別のところに住んでいて賃貸に出されている部屋の比率は低いほうが、今後の意思疎通もしやすいと考えられます。

積み上げていく修繕積立金と違い、**日々の清掃や維持などに活用される「管理費」についても、住人の建物運営への姿勢を知るきっかけになるかもしれません。**

当初の管理会社から変更したり、管理費を改善したりすることは、必ずしも多くはありません。あえて変更・見直しをしている場合は、住人の建物管理への関心が高い可能性があります。

ただ、変更していることだけがよいとは限らないため、検討したという事実があったのか、変更した場合はその結果、不具合は生じていないか、といった全体の状況をチェックするのがいいでしょう。管理費を削減して、修繕積立金を増額しているなどの変遷を知ることもできるかもしれません。

２０２４年の通常国会では、20年ぶりともいわれる区分所有法の大規模改正が審議されています。管理組合として物事を決める時や、修繕や建て替えを行う時など、一定の割合以上の賛成を集めなければ進めることができません。このことで不都合が多かった部分を緩和する内容です。

例えば、

・日常の集会決議では、所在不明な人や、集会に出席しない人も母数に入れていると円滑な管理が難しくなるため、母数から除くことができるようになる
・建て替えについては区分所有者の５分の４以上の賛成が必要なところ、耐震や火災などについて建築基準法に適合していない場合などでは４分の３以上の賛成でも可決できるように引き下げる

といった案が検討されています。これにより一般的には建て替えすべき、補修すべきだと考えられるケースの実施がしやすくなると期待されますし、日常的な集会では欠席して委任状も出さない場合、声を反映させられないと思うと、マンション購入者（区分所有者）の建物管理への関心も高まるかもしれません。

建物全体としての修繕積立金の経緯や滞納率なども心配ですが、自分が買う部屋についても滞納があれば、物件購入時に買主が精算することになります。全体も個別も、修繕に関するお金まわりはしっかりチェックしておきましょう。

実際に住んでいるからこそ、わかること

売主が住んでいる物件に内覧に行けるケースだと、実際に暮らす人がどの程度の家具を置いて生活できているのかも見ることができますし、近所のスーパーや好んでよく利用する施設、部屋の中の便利なところ、不便なところも聞き取りができることもあります。

購入後にリフォームを前提として考えている場合は、なくすことができない梁《はり》や柱、壁などがどのあたりなのかも確認しておきましょう。部屋を細かく分けるのではなく、１つにまとめて広く使いたいと思っていても、引き戸を空けたときに残るスペースの壁は耐久性の観点で崩せないといったこともあります。

１４３ページでもお伝えした通り、売却することになった理由などもヒアリングできるといいですね。訪問時にすれ違う住人の方の雰囲気なども、少し確認しておけると安心で

きるでしょう。

　可能であれば平日や休日、朝や昼や夜、シチュエーションを変えて物件周辺の散策や最寄り駅まで歩くということも有効です。街の雰囲気の変化や、表記の徒歩分数より遠く感じる、近く感じるといったことも起こります。

　これは新築物件でもチェックしてほしいポイントで、新築物件の場合は完成予定地を中心とした散策がおすすめです。

■第5章■

今から考えておきたい、住まいとお金の「出口戦略」

人生100年時代を安心して過ごすための備え

「その部屋にいつまで住むのか」を考えてみる

基本的にはずっと住み続けることを想定して購入するマンションですが、退職をして年齢を重ね、いつまで暮らし続けることができるでしょうか。**40代以降のマンション購入に際しては、この「出口戦略」についても練っておきたいところです。**

これから先、ひとりで生活していくことを考えると、自治体の支援や公的な介護保険で利用できるサービスなども把握をしておくと心強いでしょう。

健康で独立して生活ができている場合には、多くのサービスを必要としないかもしれませんが、何かあったときに緊急通報や見守りが受けられる環境だと安心感があります。自治体によっては、65歳以上など年齢などの条件を満たす場合に、緊急通報装置を無料や月数百円程度で提供しているケースもあります。民間企業でも類するサービスを展開しているため、検討するのもいいでしょう。

身体に不自由な部分が出てきた場合には、公的介護サービスにお世話になることもある

■ 要介護度別の居宅サービス利用限度額（1カ月あたり）

要介護度	支給限度額
要支援1	50,320円
要支援2	105,310円
要介護1	167,650円
要介護2	197,050円
要介護3	270,480円
要介護4	309,380円
要介護5	362,170円

限度額の範囲内でサービスを利用した場合は、1割（一定以上所得者の場合は2割または3割）の自己負担。
限度額を超えてサービスを利用した場合は、超えた分が全額自己負担となる。

かもしれません。市区町村の窓口や地域包括支援センターに相談して介護認定を受けると、その度合いに応じて公的介護サービスを受けることができます。

自己負担額は家族の形と所得によって変動しますが、要介護度に応じた利用限度額までのサービスを1割、2割、3割のいずれかを負担して利用することができます。収入が年金のみの65歳以上の単身者の場合、年間280万円未満だと1割負担になります。

要支援1の認定を受けている人は、1カ月に5万320円までのサービスを5032円（1割負担）か1万64円（2割負担）か1万5096円（3割負担）までの支払いで利用できるといったイメージです。使うサービスの内容に応じて負担割合分だけ支払う形で、上限額まで使わないこともあります。
普段は自宅で過ごしながら、訪問介護を利用したり、デイサービスに通ったりしながら人の目がある環境で、いつも通りの生活を続けることも可能です。

自宅を離れなければならないという状況になると、購入したマンションをどうするのかが気になり始めます。自宅を離れた先で暮らす選択肢としては、公的介護保険で利用するケアハウス、特別養護老人ホームなどの選択肢があり、月々10万〜14万円程度の費用負担が発生します。民間でも高齢期のための施設は有料老人ホームをはじめとして複数の形態があり、入居のタイミングで数百万〜数千万円の一時金を支払い、月々15万〜30万円程度の利用料を支払うケースなどがあります。
こうした一時金や月額の利用料金の支払いに、購入したマンションを売却したり、賃貸に出したりしたことで得られたお金を活用できる可能性があります。売却や家賃の相場を時々調べておくのがいいですね。

人が亡くなったときの相続順位は、配偶者、子、親や祖父母、兄弟姉妹（その子どもである甥や姪）となっています。甥や姪がおじやおばの相続手続きを行うシーンが身近な例として挙がってきているのも、近年の特徴的な事柄です。

該当する人が誰もいない場合は、国庫に入ることになります。マンションを持っている人が、ずっとその部屋に暮らすことができて、相続する相手がいない場合は、その物件は国のものになるということですね。

自分の意思を持って処分をしたい場合は、特定の人や団体にあらかじめ意思を伝えて遺言書を書いておくことなどが考えられます。あるいは条件面などでシビアな部分もありますが、後述するリースバックなどを検討するという手もあるでしょう。

生前に病院で手術などを受ける際の保証人や、亡くなった後の財産の処分などを依頼できる「身元保証事業」を行っているＮＰＯ法人もあります。生前と死後のマンションの処理なども含めて意向を伝えて依頼しておくということも1つの選択肢になります。

自分の健康状態や体力、判断力などの関係で、選択肢も変化していきます。より納得がいく組み合わせはどういった形か、動けるうちに早めの情報収集を行い、フェーズが進んだ時の方向性を絞っておけるといいでしょう。

施設利用の一時金のためなど、いつか自宅を離れる可能性を考えて、売却の際の手順を確認しておきましょう。

物件の売却には「仲介」と「買取」がある

中古物件を購入するときにチェックした、仲介物件か、売主物件かという違い。自分が売却する立場に立った時には、**仲介に入ってもらって個人などに売却する（仲介物件）**か、**不動産会社などに買い取ってもらうか（後に売主物件になる）**という見え方になります。

一般的には仲介で入ってもらって売却できる金額のほうが高くなり、買い取ってもらうケースだと売却価格が7～8割程度と低くなることが多くなります。

一方で、自分がその買い取り価格に納得するなら、スピーディに売却できる点が、買い取りの嬉しいところ。仲介の場合は、その値段に納得して買ってくれる買い手が現れなければ、売却が成立しないこともあります。時間的な猶予と期待したい売却価格に応じて売却の方法を選択することになります。

買い取りをお願いする場合は、複数の不動産会社に査定をお願いし、比較をするといい

■ 売却時に選択する「仲介」と「買取」

	仲介	買取
売却価格	高く売れる傾向	安くなる傾向（仲介の物件価格の7～8割など）
手数料	仲介手数料がかかる（物件価格×3%＋6万円＋消費税が上限）	かからない
売却までの時間	時間がかかる傾向（3～6カ月など）	比較的スピーディ
内覧対応	買主が決まるまで対応が必要	査定のタイミングくらいで対応回数は少ない
契約不適合責任	引き渡し2～3カ月程度、対応が必要になることもある	免除されることが多い

でしょう。インターネット上には複数社への査定を一括で依頼できるサイトもあります。査定の依頼をすると、その後のやりとりがしばらく続くことや、アプローチを受ける機会も増えるため、3～5社程度の範囲で相談をするのが現実的でしょう。

また、電話番号や自分の氏名などを入力せず、物件名や部屋番号だけで査定ができるサイトも存在します。不動産会社に正式に査定を出す前の情報収集としては、そうしたサイトを利用するのもいいでしょう。氏名やメールアドレス、電話番号を入力するサイトの場合は、以降、通常に不動産会社に査定依頼をした時と同様のアプローチを受けることも多いため、まだ事前の情報収集の段階ということであれば避けましょう。査定に必要な入力項目を見ながら、自分の段階に応じたサイトを使い分けていきましょう。

依頼をする不動産会社が、買い取りも仲介も両方行っている場合は、買い取りの場合の価格と仲介の場合の価格の両方を提示してくれることもあります。相談する業者が絞り込まれてきたら、両方の金額を出してもらって判断するのもいいでしょう。

押さえておきたい仲介契約の違い

仲介をお願いする場合も、当初は複数の不動産会社に相談をすることは多いと思いますが、最終的には**一般媒介契約**、**専任媒介契約**、**専属専任媒介契約**のいずれかを選ぶことになります。一般、専任、専属専任の順に縛りがきつくなっていくイメージです。

一般媒介契約を選ぶ場合、複数の不動産会社に仲介を並行してお願いすることができます。注意点としては、それぞれの不動産会社とやりとりが続くため、労力がかかりがちであること。また、不動産会社の立場に立ってみると、他にも売主側の仲介業者がいるということになるため、「両手取引」になる確率が落ちると考えて、エネルギーが注がれない

■ 仲介契約の種類

	一般媒介契約	専任媒介契約	専任専属媒介契約
複数社に仲介を依頼する	○	×	×
レインズへの登録義務	なし	契約日から7日以内	契約日から5日以内
募集状況の報告義務	なし	2週間に1回以上	1週間に1回以上
自分で買主を見つける	○	○	×

右に行くほど縛りがきつくなるが、「やる気」を出してもらいやすくなる傾向も

恐れがあります。不動産会社の共通するデータベースであるレインズへの登録が義務づけられていない媒介契約のため、情報を抱え込みたいと考える業者が担当になってしまうと、その業者がリーチできる範囲まででしか買主を探せないという可能性もあります。

専任媒介契約や専任専属媒介契約を選ぶ場合は、どこか1社の不動産会社にお願いすることになります。レインズへの登録は、契約日から数えて、専任では7日以内、専任専属では5日以内に行うことが義務づけられているため、他の不動産会社への情報が展開されやすいメリットがあります。専任専属媒介契約を選んだ場合は、自分で買主を見つけてきて取引を行うこともできません。

売却にまつわる契約を取り交わす際には、登記識別情報（権利証）や物件購入時にもらったパンフレット、管理費修繕費が確認できる書類として管理組合の議事録など、物件にまつわるさまざまな書類が必要になります。これから物件を購入する人は、そうした書類をひとまとめに管理しておく場所を作っておくと、売却時の助けにもなります。

無事売却できた場合は、仲介手数料や、所有権移転登記のための登録免許税や司法書士への報酬などの支払いも発生します。通常は売却価格から差し引かれて精算します。

不動産の売却にかかる税金

売却翌年には不動産を売却して得た所得（譲渡所得）の確定申告を行う必要があります。

課税される譲渡所得は、「譲渡価額 －（取得費＋譲渡費用）－ 特別控除額」で計算します。

譲渡価額とは売却した金額で、そこから購入時の金額（取得額）や売却に当たって支払った仲介手数料（譲渡費用）などを差し引いて、課税の対象となる所得を算出する形です。取得額＝購入時の物件価格とはならず、購入してから期間が経っている部分は減価償却分として差し引きます。逆に購入時に払った仲介手数料などは、取得額に加算できます。

これらの金額が不明な場合、売却価格（譲渡価額）の５％相当を取得額として計算することになってしまうため、課税される所得の金額が大きくなってしまう可能性があります。取得額を証明するためにも、物件購入時の契約書などの書類をなくさないようにしっかり保管しておきましょう。

特別控除額は、自宅として利用していた場合に適用できる３０００万円の特例などを指します。この特例は50㎡以上などの広さの条件がないため、コンパクトな物件を自宅として利用していた人でも活用できます。大雑把に考えると、購入した物件が３０００万円以上値上がりしていない場合には、課税される所得はなくなり、納税は発生しないということになります。

課税される所得がある場合、所有期間に応じて税率を掛けて所得税・住民税を支払います。マンションを売却した年の１月１日時点で保有期間が５年を超える場合は長期譲渡所得に当たり、所得税率15％、住民税率５％、合計20％の税金を納めます。５年以内の場合は短期譲渡所得にあたり、所得税率30％、住民税率９％、合計39％の税金を納めます。

なお、自宅の場合は保有期間が10年を超えている場合は軽減税率があり、こちらを利用できる場合は所得税率10％、住民税率４％、合計14％になります（６０００万円までの部分）。

このほかにも売却で損失が出た場合にその他の所得と通算ができる仕組みや、次に買う物件が50㎡を超えているようであれば利用できる買い換えの特例などもあります。利用できる特例や控除などに不明点があれば、住所地を管轄する税務署や、日本税理士会連合会の相談窓口などを利用して確定申告を行うようにしましょう。

物件を賃貸に出す方法もある

一時的な金銭ではなく、定期的な収入につなげたいという場合、**物件を賃貸に出して家賃を得る**ということを考えるケースもあるかもしれません。この場合も、不動産会社に相談をする形になります。

通常は最終的な１社を選び、代理および管理委託契約という形で依頼することがほとんどです。家賃１カ月分を上限とした報酬を支払い、募集や入居審査などを行ってもらう代理契約と、毎月家賃の５％程度を支払って入居以降の入居者からの問い合わせや家賃滞納時の確認・催促などの対応をしてくれる管理委託契約の両方を、１社にまとめてお願いするのが一般的です。

空室であっても家賃を保証してほしい場合は、毎月家賃の10～15％程度を支払って、サブリースという方式の契約を結べるケースもあります。サブリースの手数料はリスクをとらずに済む分、通常、想定される空室率より高めに設定されます。数カ月の空室に耐えられるようであれば、通常の管理委託契約のほうが有利なことが多いでしょう。

賃料の設定は、管理委託業務を行ってくれる不動産会社にヒアリングしながら、自分で決めることになります。とにかく空室期間を短くしたいという考えであればやや低めの家賃設定を、長期で見て収益を高めたいと考える場合はやや高めの家賃設定をすることもあるでしょう。新生活の準備をすることが多い１～３月や、秋異動にかかる９～12月は賃貸の需要が比較的高く、一般的には人が抜けても次の人が入りやすい季節とされています。

逆に引っ越し作業がしづらくなる大型連休が終わった５月下旬～８月くらいは賃貸の人の動きが鈍く、次の借り手が見つかりにくいとされます。５月下旬などに人が出てしまう場合は、家賃設定が相場通りだと、2カ月程度次の人が見つからない、といったこともあるかもしれません。一度低い賃料を設定すると、値上げが難しくなるケースもあるため、さじ加減が難しいところですが、不動産会社にエリアの特徴なども尋ねつつ、判断していきましょう。

なお、いったん賃貸に出した物件は、物件の売却価格が下がったり、自宅売却時に利用できる３０００万円の特例が利用できなくなったりします。

賃貸に出していない物件の売却は、実需の市場で募集され、物件価格を維持しやすい傾向にあります。賃貸に出している物件は、利回りで計算される投資の市場で募集をかけることになり、実需の市場に比べて、売却価格が7割程度になることもよくあります。

賃貸に出す期間がわずかで、近々売却を考えているといったシーンでは、最初から売却したほうがいいこともあります（３０００万円の特例を利用できるのは住まなくなってから3年が経過する日が属する年の12月31日まで。もちろん、いったん賃貸に出してしまうと利用できません）。売却でも賃貸でも構わない場合は同時に募集を始めて、先に決まったほうを進めていくという方法もあります。

家賃収入を確定申告するときのポイント

賃貸経営が始まったら、その収入は不動産所得として確定申告をすることになります。売却の時には譲渡所得として申告を行いましたが、所得の種類が変わります。

不動産の譲渡所得は、他の所得とは別に計算をする分離課税（不動産や株式以外の譲渡所得は総合課税）、不動産所得は他の所得などと合わせて計算をする総合課税で計算します。そのため、不動産所得でいくらを得たら税率は何%だとシンプルにはいえません。他の所得と合わせた金額によって税率は変わります。

収入としては家賃収入や敷金・礼金など、経費としては不動産会社に支払う管理委託料や建物の管理組合に支払う管理費や修繕積立金、物件の価値を年々消耗していくという意味合いで減価償却費などを計上します。収入から経費を差し引いた不動産所得と、公的年金などその他の所得と合わせて所得税、住民税を計算して納めることになります。

住宅用の鉄筋コンクリートや鉄筋鉄骨コンクリートのマンションの耐用年数は47年とさ

れています。47年間かけて減価償却されていき、最後に1円になるような計算をしながら、毎年経費として計上していく形です。新築から何年か経過した後に賃貸に出す場合は、経過した年数を8掛けしたような計算の仕方をします。

例えば、築30年の物件を貸し出す場合は、24年（30年×0・8）経過している物件として、残り23年かけて分割して経費として計上していくような形をとります。実際の確定申告では、国税庁の確定申告作成コーナーなどを利用して、耐用年数や物件の取得年月などを入力していくことで自動計算される部分も多くあります。

売却時同様、わからないことがあれば、住所地を管轄する税務署などに相談をしましょう。確定申告シーズンには、2月下旬の特定の日曜日などに閉庁してくれる税務署もあります。あえて確定申告シーズンは避けて、売却や賃貸を開始してすぐのタイミングで翌年の手続きを教えてほしいと平日に税務署などで相談をするのも、落ち着いて話が聞けるためおすすめです。

これは、物件を購入した人で住宅ローン減税を利用する場合も同様です。会社勤めの人も初年度は確定申告を行い、2年目以降は年末調整で処理をします（フリーランスの人などは、毎年自分で確定申告を行います）。初年度の確定申告について、年明けに初めて動くのではなく、買ってすぐくらいのタイミングで一度相談しておけると、年始に慌てなくて済みます。

会社勤めの人の場合、確定申告は縁遠いものに感じるかもしれません。ただ、退職以降は税の計算や受けられる控除などを、年末調整を通して会社が行ってくれる機会がなくなります。医療費控除やセルフメディケーション税制などを申請することもあるかもしれません。個人年金保険が掛けた保険料より大きく増えた場合には源泉徴収されることがありますが、正しく申告することで税金が戻ってくることもあります。

少し頑張れば確定申告にも対応できる、という状態にしておけると、さまざまな場面で有利になることは多いでしょう。

現役で会社にお勤めの方でも関係がある確定申告としては、６箇所以上にふるさと納税をしたケースはもちろん、日本赤十字や認定ＮＰＯ法人に寄付をした場合の寄付控除、会社の年末調整で提出しそびれた生命保険料控除やｉＤｅＣｏなどの小規模企業共済等掛金控除なども、確定申告で処理をすることができます。

マイナンバーカードと連携することでデータが自動的に入力される項目も増えてきているので、可能なタイミングで挑戦できるといいですね。

「リースバック」「リバースモーゲージ」の注意点

「リースバッグ」や「リバースモーゲージ」といった広告を見かけたことはないでしょうか。これは不動産をお金に換えられることを売りにしたものですが、**実は通常に売却するよりも条件が厳しいことや、マンションは利用ができないケースもあるため、注意が必要**です。

リースバックとは、手持ちの不動産を売却した上で、その物件に住み続けられる仕組みを提供するものです。売却をするわけですから、まとまった資金が手元に入り、以降、家賃を支払いながら住み続けることもできるので、引っ越しなども発生しません。自分が亡くなった後に不動産を誰に処分してもらおうかと悩んでいる人にとっては、先に売却も済ませてしまうわけですから、ちょうどフィットする選択肢になる可能性があります。

一方で、売却の査定金額は、通常のように仲介業者などに入ってもらったり、一般の不動産会社に買い取ってもらったりすることに比べて、価格が低くなる傾向にあります。また、以降住み続けるために払う賃料も、通常の相場よりも高めになる傾向があります。

賃貸については、通常の更新ができる契約（普通借家契約）だけでなく、2年や3年といった賃貸期間を定めた定期借家契約になる場合もあります。普通借家契約も選べるのか、選ぶ場合には賃料が上がるのかなどもチェックして利用する必要があります。

一方、リバースモーゲージは手持ちの不動産を売却するのではなく、担保にして融資を受ける商品です。物件の所有権は自分のままで手元にお金が入ってくることになります。物件の評価額そのままには融資は受けられず、例えば2000万円の価値がある物件に対して1000万円程度しか借りられないといった形などになります。そして、月々利息を返済していき、最終的に亡くなったタイミングで不動産を売却してもらい、返済することになります。

リバースモーゲージは物件に対する条件が厳しく、通常、マンションは対象外となることが多いです。そのため、本書の読者の方は検討することがほとんどないかもしれません。

いずれの商品も、物件という資産はあるものの、手元資金に余裕がないときの生活資金の補塡のための選択肢として案内されることもある商品ですが、通常に売却したり部屋を借りたり融資を受けたりすることに比べ、条件面で不利になることが多い側面があります。お金を調達する目的で使うというよりは、亡くなった時の処分を任せられるという位置づけで利用するほうが、メリットは大きいかもしれません。

今後市場が大きくなっていくと、商品が対象とする物件が広がることや、条件面が改善していくこともあるかもしれません。現時点では最有力な選択肢といえない部分もありますが、もしかしたら将来お世話になることもあるかもしれないな、くらいの温度感でウォッチをしておくといいのではないでしょうか。

マンション購入と資産運用を両立させるには

住宅ローンを借りてマンションを購入することを「**信用力を現物資産に換える行為**」と表現することがあります。確かに住宅ローンを借りることは、誰にでもできるわけではありません。健康で一定以上の勤続年数や年収があり、その他の借り入れが少ないなど、条件を満たす人が利用できる融資です。お金を借りる信用力がある状態ということになります。

この信用力は、使わなければ使わないまま終わりますし、活用すれば、現金を準備する前に自分のマンションという実物資産を手に入れることもできるわけです。確かに、信用力が現物資産に換わっているようです。

マンションという現物資産は信用力で手に入れつつ、お給料などの収入からも貯蓄や投資を並行することで、資産形成のスピードを速めることもできるかもしれません。この発想から、住宅ローンの金利は低いので、頭金や繰り上げ返済は極力行わず手元に資金を残し、その資金は株式や投資信託で運用しようという考えも生まれます。

全期間固定金利で借りたとしても、住宅ローンの金利は年利１・５％程度という低金利といえる水準です。金融商品による投資は、もちろん何を選ぶかによって変動がありますが、適切に分散投資した場合、年利３％以上を期待することは多いでしょう。借り入れの金利のほうが低いので、借りたままにしておき、手元資金を運用するほうが有利にも見えます。

一方で、年利３％程度の期待感はあくまで期待であり、確約されるものではありません。年利１・５％の住宅ローンは決まった利率ではありますが、繰り上げ返済するタイミングによって利息の軽減効果が変化するのは前述の通り。ただ、そのタイミングで行った繰り上げ返済による利息軽減効果は確実に得ることができます。

そう考えると、繰り上げ返済を控えて投資・運用に回そうという話は、誰にとっても相性がいい戦略ではなく、比較的お金の管理や運用が得意な人向けの方法といえそうです。逆に投資や運用に苦手意識がある人は、ある程度まとまった資産ができたら繰り上げ返済を検討し、そのタイミングでの利息軽減効果もしっかり試算して、確実な恩恵を受けることもよい選択肢といえます。

特に以降繰り上げ返済を行わなくても、60歳や65歳までで完済する状態までに持っていく程度の期間短縮型の繰り上げ返済を実行しておくと、セカンドライフの見通しが立てやすくなります。自分は運用が得意なのか否かを振り返りながら、戦略の方向性を考えていきましょう。

ローンを返済しつつ、お金もしっかり貯めるコツ

繰り上げ返済をするにしても、しないにしても、日常生活の中で機械的に貯蓄・蓄財し

ていく習慣は作っていきたいところです。手取りで入ってくる収入の2〜3割程度を貯蓄専用の口座に振り分けるよう、定額自動入金サービスなどを使って自動的によけていくといいでしょう。

預貯金で置いておきたいお金は、最低でも生活費の3〜6カ月分程度。毎月生活費に20万円使っている人であれば、60〜120万円程度は、すぐに使える形でよけておきましょう。病気をした時、リストラにあった時、転職をしたい時などに対応するためです。

それを上回る金額や、毎月行っている貯蓄の5〜10%程度をNISAのつみたて投資枠などを使って、投資信託で積み立てていきます。お金を増やそう！　と目指すというよりは、自分の保有する資産をいろいろな形の商品に持ち分ける感覚で采配していきます。

預貯金だけだと物価が上がると購入できる品数が減りますが、他の性格の金融商品を持っていたら、買えるものの数を維持できるかもしれません。

信用力で不動産、生活費3〜6カ月以上の預貯金、これらとは違う性格を持つ投資信託、といった形で複数の形で資産を保有している状況を作ります。預貯金や投資信託など、有価証券の資産が500万円を超えてきたら、少し繰り上げ返済のことを思い出して考えてみる、といった流れです。

住宅ローンを返済しながら手元に500万円くらい貯められる状況になっていれば、なんとなく自分とお金の付き合い方が見えてくるのではないかと思います。変動要素はあるけれど運用をしながら備えていくか、繰り上げ返済で確実な利息軽減を狙うか、そこで改めて検討するといいでしょう。

どちらの方針で進むにしても、**60歳や65歳時点でのローンの残高を確認しておくことは重要**です。何歳まで働くかにもよりますが、通常はその年齢以降に大きく収入を上げることは難しいため、完済できる程度の資金の目処は、少なくともつけておきたいところです。実際にその年齢で完済はせず、以降も少しずつ返済を進めるにしても、達成しておくべき資産額の1つの目安になります。

「やっぱり買ってよかった!」といえるようになるために

これまで述べてきたように、マンション購入には多くの落とし穴があります。チラシに表記された物件価格だけでは買えなかったり、修繕積立金が上がっていったり、自分が組めるローンを目一杯組むと返済が大変だったり、退職する際に想像よりも残債があったり……。どれもこれも大変ですが、いずれも本書の中で、その可能性やあらかじめ見積もっておくことで、落とし穴にはまらない方法をお伝えしてきました。

人生のお金のやりくりには「こんなはずではなかった！」ということがたびたび起こります。日常的なことでいえば、ついつい予定をたくさん入れてしまったり、衝動買いをしてしまったりして、お金を使いすぎてしまうこともあるでしょうし、大きなアクシデントだと病気をしたり、転職をしたりと、まとまったお金が必要になるタイミングもあるかもしれません。

そうしたときには、翌月からリカバリーするために支出を見直してみたり、一時的には貯蓄を使って生活を支えつつ、再び家計を立て直したりしますよね。

マンション購入でも、思っていたより修繕積立金が増額されることや、忘れた頃に給湯器が壊れたり（寿命は10〜15年とされています）、ちょっとリフォームをしたくなったりすることもあるかもしれません。でもやはり、その他のやりくり同様に、翌月以降の収入や手持ちの貯蓄でカバーして対応していくことはできるのです。

大きなお買い物で避けたいことは、カバーしきれないような想定外が起こることですが、マンションを買う前や買った後に本を読み、情報収集をしていけば、そうした事態に陥る確率はかなり低いと考えられます。

ちなみに、私は最初の物件を買った時には貯金が80万円しかなかったのに、諸費用が70万円もかかると聞いて慌ててお金の勉強を始めるくらい、下調べができていなかった人間ですが、それでもその後の学習でリカバリーができました。

ここまでお読みになったみなさんなら、もっと計画的にこれから起こるイベントを遂行されるのではないでしょうか。

また、マンション購入までに調べた知識、迷った時に調べて決断するプロセスは、ちょっとした想定外を乗り越える力にもなってくれます。

気になることや不安なこともあるかもしれませんが、まずは自分が手に入れた・手に入れるお気に入りの物件の素晴らしさに目を向けて、快適な生活や、将来の金銭的な安心感に向けて進んでいくためのエネルギーに変えられると素敵ですね。

お金は実現したい環境や欲しいものを手に入れるためのツールですが、人生全体で、よ

り強く自分が望むものと交換できた時に、ツールとしての効能が高くなっていきます。

人生全体で使うお金のうち、少なくない割合を充てることになるマンション購入ですが、それがいい買い物だったか今ひとつだったかは、買っただけで確定するわけではありません。

かかる費用をあらかじめ把握して、変動要素を予見して、備えて対応できたなら、想定内の出来事でお買い物の後悔にはなりません。自分のこれからの取り組みで、金銭的な余裕を作り、多少の想定外を吸収することができたなら、お気に入りのその物件は、「やっぱり買ってよかった」という存在になってくれます。

丁寧に選んで慎重に決断した我が城を、最後まで「買ってよかった！」と思えるようにするためにも、堅実な金銭管理のスキルを習得する日々を積み重ねていきましょう。

おわりに

お金の話は、よくお化け屋敷にたとえられます。

暗闇の中でこんにゃくが頬に当たると「怖い！」と感じますが、電気がついていたら「なんだ、こんにゃくか」と思うかもしれませんし、前方から向かってくるこんにゃくに気づいて、身体を傾け避けることができるかもしれません。

お金についても、情報が整理されていて、危ないポイントや注意すべき事柄が見えていたり、早めにわかっていたりすれば、避けたり時間をかけて対策をとったりすることができます。

これからの住まいについて、「賃貸でも大丈夫なのかモヤモヤする、でも購入にも勇気が必要で決断ができない……」と感じる人は、お化け屋敷の電気をつけるように、それぞれの選択肢で考えられる数字をシミュレーションすることが判断の助けになるでしょう。

物件を購入するという決断にはならなかったとしても、自分の判断に自信を持てることや、変化に対応するための選択肢を想定して、不安を和らげることにもつながります。本書ではそうしたシミュレーションの事例も挙げてきましたので、ぜひご自身の数字にも置き換えて計算してみてください。

「マンション購入」という勇気のいる決断は、簡単にはできないことが多く、これまで何度も頭をかすめたことや、調べてみたけれど購入には至らなかったという人もいるかもしれません。ただ、それが悪いこととはいえないのです。

決断力があることは優れていることのように捉えられがちですが、お金との付き合い方においては、実は〝優柔不断〟であることが身を助けることは少なくありません。

お金のこともマンションのことも、調べて調べて勉強しているうちに、ふっと腹落ちする瞬間があります。腹落ちして以降の決断は、多少の想定外があっても対応できることが多くあります。それまでの情報を十分に使いこなせるようになっているからです。

多くの情報や方法を、「知る」から「使いこなす」まで昇華させるには、時間が必要なことも多いということですね。優柔不断であることは、そうした時間を確保するための助けになるのです。

一方で、こちらの準備ができたとしても、納得ができる物件に巡り合えることも、また簡単にはいきません。物件については、完全な条件を目指すのではなく、自分が付き合いきれる水準を見定めて、時には勢いで判断をすることが必要な部分もあります。この物件に求める幅が自分の中で確立することにも、ある程度時間がかかります。

本気で探し始めてから3カ月程度で決断する人もいますし、私たち夫婦が買った物件の中には、3年くらいリサーチを続けていて、ふっと購入できた物件もありました。

そう考えると、必要な時に必要な判断をするためには、ある程度の準備が必要です。優柔不断に調べて考えて備えておき、ここぞと言うときに決断力を発揮するからこそ、自分が納得できる選択ができるのです。

マンションを買ったとしても、買わなかったとしても、私たちの人生は進んでいきます。そのそれぞれの道で後悔や想定外を起こさないためにも、気になっていることは確認することや、知っている情報を自分のことに置き換えてシミュレーションしてみることは重要です。

いきなりすべてを解決することはできませんが、1つひとつクリアにしていくことで、以前調べた〝1つ〟が当たり前になっていきます。当たり前が積み重なっていくことで、数年前の自分とは比べ物にならないほど判断できる幅が広がっていきます。

本書でお伝えした内容も、もしかしたらどこかで見たことがある情報もあったかもしれませんし、今後も類する情報に触れることもあるかもしれません。

同じ事象に対し、いろいろな人の視点で触れ、繰り返し自分のケースに置き換えることで、初めて使いこなせる情報になります。本当の意味で自分の味方になる情報として使いこなしていただくことに、本書が少しでも貢献できていれば、著者としてこれ以上の幸せはありません。

みなさんが、より納得ができる決断をする際のお役に立てますように願っております。

2024年3月

風呂内　亜矢

青春新書
INTELLIGENCE

こころ涌き立つ「知」の冒険

いまを生きる

"青春新書"は昭和三一年に――若い日に常にあなたの心の友として、その糧となり実になる多様な知恵が、生きる指標として勇気と力になり、すぐに役立つ――をモットーに創刊された。

そして昭和三八年、新しい時代の気運の中で、新書"プレイブックス"にその役目のバトンを渡した。「人生を自由自在に活動する《プレイ》」のキャッチコピーのもと――すべてのうっ積を吹きとばし、自由闊達な活動力を培養し、勇気と自信を生み出す最も楽しいシリーズ――となった。

いまや、私たちはバブル経済崩壊後の混沌とした価値観のただ中にいる。その価値観は常に未曾有の変貌を見せ、社会は少子高齢化し、地球規模の環境問題等は解決の兆しを見せない。私たちはあらゆる不安と懐疑に対峙している。

本シリーズ"青春新書インテリジェンス"はまさに、この時代の欲求によってプレイブックスから分化・刊行された。それは即ち、「心の中に自らの青春の輝きを失わない旺盛な知力、活力への欲求」に他ならない。応えるべきキャッチコピーは「こころ涌き立つ"知"の冒険」である。

予測のつかない時代にあって、一人ひとりの足元を照らし出すシリーズでありたいと願う。青春出版社は本年創業五〇周年を迎えた。これはひとえに長年に亘る多くの読者の熱いご支持の賜物である。社員一同深く感謝し、より一層世の中に希望と勇気の明るい光を放つ書籍を出版すべく、鋭意志すものである。

平成一七年　　刊行者　小澤源太郎